기쁘고
슬프고
힘들고

그래도 행복해

기쁘고 슬프고 힘들고 그래도 행복해
신희지 · 이강조 지음

초판 인쇄 | 2013년 12월 01일
초판 발행 | 2013년 12월 06일

지은이 | 신희지 · 이강조
엮은이 | 성프란치스꼬장애인종합복지관
펴낸이 | 신현운
펴는곳 | 연인M&B
기 획 | 여인화
디자인 | 이희정
마케팅 | 박한동
등 록 | 2000년 3월 7일 제2-3037호
주 소 | 143-874 서울특별시 광진구 자양로 56(자양동 680-25) 2층
전 화 | (02)455-3987 팩스 | (02)3437-5975
홈주소 | www.yeoninmb.co.kr
이메일 | yeonin7@hanmail.net

값 10,000원

ISBN 978-89-6253-147-3 03810

이 책의 판매수익금은 전액 여성장애인복지발전기금으로 사용됩니다.

여성장애인 일곱 명이 전하는 행복한 삶의 이야기

기쁘고 슬프고 힘들고 그래도 행복해

신희지 · 이강조 지음

우리 각자의 삶의 향기와 빛깔이 다르듯이
행복의 빛깔도 다를 겁니다.
여성장애인의 행복한 삶의 이야기로 초대합니다.

연인M&B

여는 글

"행복하여라, 마음이 가난한 사람들!
하늘 나라가 그들의 것이다."(마태 5장 3절)

우리 모두는 행복을 갈망하고 행복을 찾아 먼 길을 떠나기도 합니다. 얼마만큼 가서 드디어 행복을 찾았다고 말합니다. 그런데 내가 찾은 행복은 너무나 가까이에 있었다고 이야기를 하지요. 그리고 삶의 행복을 발견한 기쁨에 전율하게 됩니다. 이것이 우리의 인생에 있어서 깨닫게 되는 진리인 것 같습니다.

그동안 여성 장애인의 섬세한 감각과 성찰된 삶의 이야기를 종종 들으면서 '행복을 발견한 여인들' 의 이야기를 담아 보고 싶다는 생각을 하게 되었습니다.

그리고 구름과 구름 사이에 있는 무지개처럼 일상 속에 숨어 있는 무지개인 행복을 찾는데 도움이 되었으면 하는 바램으로 행복한 오늘을 살아가는 여성 장애인 일곱 분의 진솔한 삶의 이야기를 작가들의 인터뷰를 통하여 엮어 보게 되었는데 드디어 출판하게 되니 기쁨이 앞섭니다.

먼저 자신의 삶의 이야기를 기꺼이 나누어 주신 일곱 분의의 자매님들께 감사드립니다. 기쁘고 슬프고 힘들고 어려움 가운데에서도 행복을 발견하기를 계속해 가시는 모습에 마음이 뜨거워지고 한분 한분을 위해 기도하게 됩니다.

그리고 자신이 걸어온 길을 진솔한 말씀으로 나눠 주신 분들을 여러 번 만나시고 인터뷰를 하면서 그분들 삶의 이야기를 진솔하게 들어주시면서 엮어 주신 신희지 작가님과 이강조 작가님께도 마음 깊이 감사의 마음을 전합니다.

우리 각자의 삶의 향기와 빛깔이 다르듯이 행복의 빛깔도 다를 겁니다. 그리고 행복을 발견하는 시간도 다르지요.

이 책을 읽는 여러분에게 여성 장애인의 행복한 삶의 이야기로 초대하면서 지면으로 만나는 이 공간이 서로를 다독거려 주는 희망의 장으로 거듭나 행복을 발견하는 시간으로 이어지시길 기원합니다.

성프란치스꼬장애인복지관장

이선영 데레사 수녀

차례

행복의 조건 '나를 찾다' 이강조

에필로그

소박한 꿈의 비밀

신희지

I Can Do It!(나는 할 수 있어)

그녀는 다리 한쪽이 없습니다. 그러나 하이힐을 신을 수 있습니다. 그녀의 팔은 비틀려 꺾이지 않습니다. 그러나 그녀는 시원한 반팔을 입고 다닙니다. 그녀의 한쪽 눈은 적출이 되어 일그러지기도 했습니다. 그러나 그녀는 멋진 선글라스를 끼고 웃습니다.

그녀는 바로 절단장애인협회 회장인 김진희 씨입니다. 삶이 드라마보다 더 드라마틱하다는 것을 살면서 많이 봅니다. 어지간한 소설보다 연출되지 않은 다큐멘터리의 삶이 더 심장을 쳐대는 경우가 많습니다. 그 아침의 일순간이 그녀의 모습을 바꿔 놓았지만 그녀의 열정을 멈추게 할 수는 없었습니다.

그녀는 교육자였고 사업가였습니다. 시원한 외모와 자신감이 충만한 말투, 남들이 상상하지 못하는 것을 현실로 옮기는 창작가였지요. 산업디자인을 전공하고 장학사인 아버지의 영향으로 아이들을 가르치는 일을 시작합니다. 처음에는 응암동에서 음악미술학원을 운영했는데 서울이다 보니 사람과 일에 너무 치이더랍니다. 그러던 차에 아버지가 포천에 연구사로 가게 되고 그녀도 아버지를 따라 포천을 가게 됩니다. 11명의 학생이 전부인 학원을 인수해서 그녀는 아이들을 100명까지 끌어올립니다.

"그때는 마음먹은 대로 뭐든 잘 풀리는 거예요. 이번 달에는 50명까지 늘려야지 하면 그렇게 아이들이 불어나고 100명을 목표로 하면 또 불어나고 그랬더니 건물 주인이 욕심이 생겼는지 나가라고 하더군요."

그래서 어쩌나 고민을 하다가 그녀는 새로운 발상을 합니다. 아이들이 실컷 뛰어놀며 공부할 수 있는 공간이 있다면 참 좋지 않을까? 라는 생각을 한 거지요. 그러려면 읍내는 어렵고 근교로 나가 땅이 싼 야산을 빌려 학원을 차려야겠다고 마음을 먹습니다. 물론 다들 엉뚱한 생각이라고 그녀를 말립니다. 하지만 그녀는 대담하게 일을 진행합니다.

"야산으로 된 300평 땅을 빌려서 산을 깎고 100평에 조립식 건물을 세 동 지었어요. 아이들에게 맨발로 흙을 밟게 해 주고 싶었어요. 마른 땅에 마사토를 몇 트럭 사다 깔고 2층, 3층은 위험하니까 건물은 1층으로만 했지요. 안전이 제일 중요하잖아요. 아이들이 오도록 미니버스도 두 대 마련하고 학원을 준비하는데 다들 뭐 미쳤다고 난리였어요. 그 산속에 누가 다니냐고요."

주변에서는 걱정했지만 그녀의 예상은 적중했습니다. 아이들은 그녀가 예견한 대로 몰려들기 시작한 거지요. 미술뿐만 아니라 피아노, 웅변, 속셈 등 여러 분야의 수업을 하면서 아이들이 300여 명 가까이나 되는 놀라운 발전이 이루어졌습니다.

"서울은 모르지만 포천은 시골이라 평이하거든요. 그래서 늘 새로운 것을 시도하고 싶었어요."

그녀는 시골의 학원에 그 유명한 뽀미언니도 부르고 색종이 접기의 김영만 선생님도 초대해서 학원을 더 많이 알립니다. OB베어스타운에서 운동회를 할 정도로 규모가 커질 수 있었던 건 그녀의 신선한 기획과 추진력에 더한 열정이 있었기에 가능한 일이었습니다.

하지만 가장 행복한 순간에 운명은 또 다른 모습으로 그녀를 찾아왔습니다. 사업도 잘 되고 빚도 갚아 가고 사랑하는 사람도 만나 이제 곧 한 달 후면 결혼하는데 참 야속하게도 그녀를 송두리째 흔들어 버린 것입니다.

조짐은 있었다고 합니다. 납량 드라마처럼 신기가 들렸다는 학부형이 찾아와 "죽을 팔자니 여기를 벗어나라."는 말을 하더랍니다.

'학원이 잘 되니 탐이 나나?' 그녀는 그 학부모가 의심스러웠습니다. 하지만 자잘한 사고들이 일어나고 꿈에서는 가위에 눌렸습니다. 백골부대 앞 낭떠러지에서 차가 미끄러져 장이 파열됐을 때는 운전하지 말라는 암시인가 보다고 몸을 사리기도 했습니다. 그래도 가혹한 운명은 그녀를 끝까지 쫓아왔습니다.

인천에서 포천까지 아침 일찍 서둘러 나가던 날, 왕복 1차선 도로의 커브길에서 마주 오던 5톤 트럭은 그녀를 보지 못하고 중앙선을 넘어와 덮쳐 버리고 말았습니다. 거대한 트럭과 작은 승용차가 정면으로 충돌한 거지요.

그녀는 차 속에 온몸이 끼어 버렸습니다. 이제 곧 한 달 후면 어여쁜 사월의 신부가 되는데 삼월의 매서운 바람은 그녀를 그렇게 땅바닥으로 내팽개쳤습니다.

사고가 나고 정신을 잃고 어디론가 마냥 실려 가는 도중에 그녀는 아무 말도 할 수 없는데 가망이 없다고 오늘을 못 넘기겠다는 의사들의 웅성거리는 소리가 들렸습니다. 당시 부모님은 미국을 여행 중이셨고 언니가 달려와 있는 것 같았습니다.

'나 죽지 않았어, 언니!' 그녀는 손을 까딱거렸습니다. 언니가 보고 "내 동생 살아 있어요!"라고 소리치니 의사들이 몰려오고 수혈을 하기 시작했습니다. 그녀는 까무룩하게 정신을 다시 놓아 버립니다.

의식을 잃고 중환자실에 있었던 시간, 그녀는 어딘가를 헤매고 있었습니다. 하얀 옷을 입고 고깔모자를 쓰고 다리는 안 보이는데 자기가 마냥 가고 있더랍니다. 냇가에 물이 흐르는데 어느 아줌마가 "아가씨, 먼 길 가는데 이 물을 먹어야지." 하는 소리에 "내가 이 물을 왜 먹어요?" 하고 소리치며 깨어납니다.

그때, 그녀를 내려다보며 숨죽이고 있는 어머니와 아버지 그리고 형제들의 모습, 내가 어디에 있는 걸까? 내가 왜 여기에 있는 거지? 아, 사고가 났지? 그리고 그녀는 다리가 없어진 것을 알지 못합니다.

1년 8개월, 일그러진 얼굴의 뼈를 갈비뼈로 이식하고, 남동생 눈에 야구공 만해 보였다는 튀어나온 눈을 다시 넣고, 부서져 버린 이 열한 개를 임플란트 하고, 엉덩이의 지방을 빼서 여기저기 넣고 결국 으스러져 버린 다리는 자신도 모르는 사이에 절단이 되어 있었습니다. 그나마 팔도 잘라야 한다고 하는데 어머니는 단호히 말씀하셨답니다.

"뼈가 없어도 좋으니 팔은 자르지 마세요."

의사는 굽힐 수도 펼 수도 없기 때문에 자르는 게 낫다고 했습니다. 덜렁덜렁 들고 다닐 수는 없지 않느냐고 그래도 어머니는 굽히지 않았습니다.

"늘 꿈속에서 나를 잡아 준 사람이 어머니였어요. 현실에서도 어머니는 나를 포기하지 않더군요. 굽혀지지 않지만 팔이 있다는 게 참 감사해요."

늘 활달했던 막내딸, 돌다리를 보면 두드리고 건너기보다 넘어져도 일단은 건너가고 보는 적극적이었던 딸은 병원에서 나와 집 지키는 개와 둘이 집안에 남겨지는 신세가 되고 맙니다. 지금쯤 행복한 신혼을 꿈꿔야 하는 시간에 그녀는 세상에서 철저히 혼자 남겨진 것입니다.

"몸이 그 지경이 되니 제 욕심만 차리자고 어떻게 사랑하는 사람을 잡겠어요. 보내 줘야 한다고 생각했지요. 시어머니 될 분이 찾아와서 다리 어떡하냐고 물으시는데 차마 며느리 노릇 잘하겠다는 말은 안 나오더라고요."

운명은 그녀에게 아주 많은 것을 주고 한꺼번에 그것들을 가져가면서 그녀까지 가져가려고 했습니다. 살아있다는 게 죽는 것보다 더 괴로운 시간들 앞에서 그녀는 차라리 죽어야겠다는 생각도 했습니다. 누군들 안 그러겠습니까! 항상 남을 도우며 살았던 그녀가 가족들의 도움으로 살아야 한다는 것은 견디기 힘든 노릇이었습니다. 그러던 어느 날 그녀는 언니가 머리맡에 두고 간 신문을 읽습니다.

"98년 12월 28일이었어요. 언니가 제 머리맡에 두고 간 신문에서 저처럼 다리가 없는 에이미 멀린스라는 여자가 의족으로 100미터 달리기를 했다는 기사였어요. 다리가 없는데 모델까지 하는 예쁜 여자의 사진을 보면서 제 눈이 확 뜨였지요. 그녀는 저보다 아홉 살이나 어린 데도 열심히 살고 있더라고요."

그날부터 그 기사를 쓴 김수혜 기자를 수소문해서 전화를 하고 전화 연결이 잘 안 되었지만 포기하지 않고 이메일을 보냅니다. 다시 또 열정의 김진희가 살아난 겁니다. 운명은 그녀에게 가혹했지만 핑계를 대고 누워 있을 수만은 없었습니다. 드디어 에이미 멀린스의 의족을 만든 회사가 영국이라는 것을 알게 되면서 그녀는 도셋(Dorset)병원으로 1년간 이메일을 보냅니다. 그녀의 간절한 염원이 가 닿았던 것일까요? 하이힐을 신고 싶다는 당찬 그녀의 이메일을 받아 보던 그곳의 담당자 줄리아나로부터 영국으로 오라는 답신 메일을 받게 됩니다.

그녀는 에이미 멀린스와 같이 실제 다리처럼 쭉 뻗은 의족을 신게 된다는 설레임으로 하루하루가 너무 기뻤다고 합니다. 사고가 나고 대응을 어떻게 하는지 몰라 한 푼의 보상도 받지 못하고 부모에게 의지해야 했던 그녀는 빚을 내서라도 보내 주겠다는 가족의 마음에 보답하기 위하여 혼자 영국을 가기로 합니다. 목발을 짚고 마스크를 쓰고 모자를 눌러쓴 채 그녀는 영국으로 향합니다.

그렇게 떠나는 그녀를 바라보는 가족들의 마음은 어땠을까요? 제게는 마치 그날이 눈앞에 일처럼 보이는 것 같습니다.

우리나라는 지금도 별반 다르지 않지만 보장구(의족, 의수)에 대한 연구가 활발하지 못하다고 합니다. 한국전쟁을 겪어서 다른 나라보다 절단장애인들이 많음에도 불구하고 장애를 입는 게 개인의 잘못된 운명으로 치부가 되어져서 죄인처럼 취급받으며 살아가는 게 현실이었습니다. 그러니 우리나라에서 진짜 다리처럼 미끈한 의족은 꿈도 꿀 수가 없었던 거지요.

영국은 그와 정반대였습니다. 그녀를 위하여 존재하는 의사들인 것처럼 그녀만을 위하여 사람들이 모여들었습니다. 무릎을 꿇고 앉아 그녀의 다리를 보며 간단하게 만들어 주는 것이 아닌 그녀의 모든 생각과 상태를 점검한 후 만들겠다고 말해 주었습니다. 그녀는 에이미 멀린스처럼 운동도 하고 싶고 치마도 입고 싶고 하이힐도 신고 싶고 패션모델도 승마도 다 하고 싶다고 했습니다. 한국에서 그런 소리를 하면 욕심이 크다, 미쳤다고 했을지 몰라도 그들은 그녀의 말을 모두 다 들어주고 실제 그렇게 만들어 주겠다고 했습니다.

의족이 만들어지는 한 달 가량의 기간 동안 그녀는 더 어려운 상황에서도 혼자 할 수 있다는 의지를 살리기 위하여 유럽 여행을 떠납니다. 목발을 짚고 가방을 끌고 스위스, 스페인, 이탈리아, 독일, 네덜란드, 벨기에, 스코틀랜드까지 남부 유럽을 모두 돌아다니며 우리나라 학생들도 만나 도움을 받고 여행 하루 전 네덜란드에서는 의족도 뺀 채 바람도 쐬고 선탠도 했다고 합니다. 그녀에게 이제 장애는 부끄럽고 숨겨야 하는 것이 아니었습니다. 그녀는 장애로부터 자유로워지기로 합니다.

의족을 받던 날, 두려움 반 설레임 반으로 기다리는데 의사가 잃어버린 자신의 본래 다리를 들고 오더랍니다. 깡충깡충 뛰며 기쁨의 눈물을 흘리던 그날을 그녀는 아직도 잊지 못합니다.

"제 잃어버린 다리 한짝이 다시 살아서 온 줄 알았어요. 제가 닭살이거든요. 제 살결과 같은 피부에 촉감에 발뒷꿈치까지 섬세하게 배려해서 만들어져 있는데 까무러치게 좋더라고요."

도셋병원에서 그녀는 동양인 최초로 의족을 만들었습

니다. 의족을 받고도 동양인들의 문제인 오자형 다리를 교정하기 위하여 일주일을 더 영국에서 머뭅니다. 그녀는 그사이 쉬지 않고 영국을 다 돌아다닙니다. 이제 정말 그녀에게 자유가 찾아온 것이지요.

한국에 돌아오는 동안에도 짐을 잊어버리는 등 우여곡절이 있었습니다. 공항에서 초조하게 가족들은 기다리는데 그녀가 걸어 나오자 아무도 그녀를 알아보지 못합니다. 뚜벅뚜벅 목발도 없이 걸어 나오니 당연히 알아볼 수가 없었던 거지요.

이제 인생의 제2막이 펼쳐집니다. 그래도 한국에서의 생활은 그녀의 지난날을 너무 돌이켜 보게 하는 바람에 필리핀에서 새로운 인생을 시작해 보겠다고 가족들을 떠납니다. 세부와 보라카이에서 한국 유학생들의 홈스테이를 하며 의족을 벗고 수영도 하면서 여유롭게 지내던 어느 날 한국인 사업가가 총기로 사망하는 일이 벌어집니다. 가족들은 그녀에게 다시 돌아올 것을 종용합니다. 아무래도 그녀가 있어야 할 곳은 이 땅이었나 봅니다.

그녀는 한국으로 돌아와 그녀 특유의 인정과 적극성으로 그녀만이 말할 수 있는 장애를 극복하는 법과 보장구에 대한 자료를 나눠야겠다고 마음먹습니다. 다시 열정의 김진희로, 늘 새로운 발상과 타인을 사랑하는 마음의 김진희가 되어 세상에 뛰어듭니다.

2000년부터 개인 홈페이지를 통하여 처음에는 절단장애인들의 질문에 자신의 경험을 바탕으로 한 답을 적극적으로 합니다. 그러던 와중에 별의별 사람을 다 만납니다. 팬이라고 하며 다가온 사기성 짙은 사람부터 장애를 미끼로 약취를 일삼는 사람까지 만나면서 세상을 알게 됩니다. 그녀는 장애인들이 몸이 아픈 것만큼 마음도 아프다는 것을 알게 됩니다.

"저는 장애를 담보로 동정을 받거나 후원을 받는 게 너무 싫더라고요."

자존심이 강한 그녀로서는 당연한 일이었겠지요. 그녀는 회원을 모아 스스로 회비를 내어 단체를 운영하기로 합니다. 그리고 자신이 방송을 출연하고 칼럼을 써서 번 돈은 모두 다 단체기금으로 후원합니다.

그녀는 장애인들에게는 장애를 무기로 가져가지 말자고 하는 대신, 사회에서는 장애에 대한 인식을 깨는 일을 하고 싶었습니다. 특히 절단장애는 한국전쟁으로 상이용사가 많습니다. 나라에서 처우는 마땅치 않고 생활고는 힘들다 보니 그들 대부분이 넝마주이를 하거나 협박에 가까운 구걸로 연명하는 경우가 대부분이어서 그런 인식을 바꾸는 것이 시급했습니다.

절단장애는 비단 옛일이 아닙니다. 근래에 들어와서는 교통사고나 산업재해로 절단장애인이 하루에 25명이나 일 년이면 9,000명이 넘는 게 현실입니다. 그녀는 절단장애인협회를 만들어 주변에 있는 장애연예인들에게 인식을 바꾸는 일에 동참해 달라고 호소합니다. 절단장애뿐만 아니라 시각장애를 겪는 가수 이용복 씨도 만나고 댄스가수였지만 바이크 사고로 척수손상을 입은 강원래 씨도 만나고 멀리 영국의 비틀즈 멤버 폴 매카트니의 부인인 절단장애인 밀스도 만나게 됩니다.

"그것도 참 행운이지요. 누구도 만나고 싶다고 하면 거절하지 않았어요."

행운이었을까요? 그렇게 열심히 사는 그녀였기에 저는 가능한 일이라고 생각합니다. 장애를 겪게 되면 사실은 마음이 어두워져서 사람에 대한 의심이 생기기도 하는데 그녀처럼 적극적이고 활달한 여인의 긍정의 기운이라면 그 어두운 마음을 날려 버렸을 겁니다.

그녀는 세상 속으로 당당히 걸어 들어옵니다. 의족을 끼고 여행도 다니고 승마, 수상스키, 수영 등 뭐든 다 할 수 있다고 여자가 나와서 과감하게 말하니 사람들이 이야기를 들어줍니다.

지금이라면 그렇게 사랑하는 사람을 떠나보내지 않았을 텐데 하는 아쉬운 마음과 주변에 장애로 인하여 결혼에도 장애를 입게 되는 이들을 보며 척수손상 장애를 입은 김형희 화가와 함께 장애인 결혼 문화에 대한 인식 개선을 위한 '문화예술과 함께하는 웨딩페스티벌' 도 진행합니다.

어떤 일이든 리더가 되어 일을 진행하다 보면 사람들의 마음을 일일이 다 끌고 가기가 쉽지 않습니다. 열 사람의 생각이 각각 다 다르니까요. 문제가 있으면 서로 논의하면 되는데 그러기보다 진행하는 이의 약점을 붙들고 나오는 경우가 많지요. 그녀가 구체적으로 말하지 않아도 저는 짐작이 갑니다. 그녀의 과감한 결단력이 누군가에게는 독선으로 보일 때도 있겠지요. 혼자 일을 다 한다고 시샘하기도 할 겁니다.

그러나 그녀는 절대선을 믿고 나아가는 것을 주저하지 않습니다. 그게 그녀가 행복할 수 있는 길이고 그녀가 행복해야 누군가를 행복하게 하기 때문입니다. 때로는 외롭고 힘들지 않느냐는 내 물음에 그녀가 답합니다.

"행사를 하고 끝나면 저도 사람이니까 지치고 아프죠. 하지만 그럴 사이 없이 바로 또 일을 해요. 제게 일은 구원이고 존재의 이유이지요."

2006년부터 정식으로 절단장애인협회가 발족됩니다. 저로서는 좀 의아했습니다. 그동안 상이용사나 산업화와 기계화로 수많은 절단장애인들이 있는데 2000년대가 넘어서야 이런 단체가 생겼다는 것이 우리의 현실이구나 하는 생각이 들더군요.

자신의 경험을 나누고 싶어 만든 개인 블로그에 많은 사람들이 찾아와 그동안 몰랐던 것을 물으러 오면서 그녀 자신도 놀란 것처럼 저도 이 모든 사실이 그저 놀랍습니다.

"제가 절단장애인들에 대한 인식 변화를 위해서 방송에 나간 적이 있는데 서산에서 케이블 방송을 본 일흔 넘으신 분이 고구마와 쌀을 보내 주셨어요. 그 전에 가끔 너무 선의를 베풀다가 이상해지는 분들을 대하다 보니 누군가의 성의도 사실 조금 조심스러울 때였는데 그분이 어느 날 전화를 하셔서 펑펑 우시는 거예요. 본인이 이십 년 전에 장애를 겪었는데 어떻게 해야 할지 몰라서 그저 숨기고만 사셨대요. 그런데 이렇게 정상인처럼 살 수 있다는 것을 보여 주어서 고맙다고요. 아, 그래서 내가 이 일을 좀 더 열심히 더해야겠구나 하는 생각이 들었어요."

그래서 그녀는 장애를 담보로 무기로 하기보다 사람들과 소통하고 아름답게 함께하는 일로 바꿔 내기 위하여 사람들의 후원이 더 많은 절단장애인들에게 돌아가도록 일을 또 벌여 나갑니다. 2006년 영화배우 정준호 씨의 절단장애 의수족 지원부터 경기지방경철청에 계신 분들의 후원과 산행도 그런 의미에서 폭 넓은 기회로 다가옵니다.

그녀 자신과 마찬가지로 장애인이 장애인을 돕듯 어려운 동남아시아의 캄보디아에도 그녀는 의족을 지원하러 회원들과 함께 떠납니다. 마음 같아서는 더 어려운 이웃에게 무엇이라도 나눠 주고 싶지만 요즘처럼 경제가 어렵다 하는 때에는 그나마의 후원도 끊어지는 경우가 많아서 참 쉽지 않은 일입니다. 아픈 사람의 위로는 더 아픈 이를 보면서 자신을 다독이는 일이기도 하니까요.

절단장애인들은 사라져 버린 팔이나 다리가 마치 있는 것처럼 환상통을 앓는 경우가 많다고 합니다. 어디선가 저도 들었던 기억이 납니다.

“신경이 다 잘려져서 실재 아플 수가 없는데 온몸이 고통스럽다고 생각해 보세요. 저도 처음에는 참 고통스러웠어요. 현실을 인정하는 게 그만큼 힘든 거예요. 주변에 그렇게 약에 의존해서 사는 분들을 보면 정말 안타깝지요.”

그런 장애인들이 자신을 인식하고 자신의 한계를 뛰어넘었으면 하는 바람으로 일반인들도 하기 어렵다는 히말라야 등반을 해 보기도 합니다. 2007년 처음 장애인 7명과 멘토 7명으로 구성된 원정대는 너무너무 힘들었지만 앞사람의 발꿈치만 보고 가느라 정신이 없었지만 8박 9일 동안 낙오없이 4,700미터의 칸진리봉을 올랐고, 백두산 원정을 가서 감격스럽게 천지를 보기도 합니다. 게다가 처음 시작할 때부터 발이나 다리가 없어도 수상스키와 수영을 하도록 돕고 있었으니 그녀가 추구하는 편견없는 세상이 이미 그 안에서 이루어지고 있는 것입니다. 가장 중요한 건 장애인 스스로가 자신의 한계에 굴복하지 않아서 가능한 일이었던 거지요. 그렇게 자신을 극복해 가는 이에게 환상통은 있을 수 없습니다.

"요즘처럼 연예인이 영웅인 세상에서는 장애인 스타가 많이 나오면 사람들에게 더 용기를 줄 수 있을 것 같아요."

영국의 유명한 헤비메탈 밴드의 데프 레파드의 드러머 '릭 앨런' 도 외팔이 드러머이다. 꿍따리샤바라의 유명한 가수 강원래 씨도 하반신을 움직이지 못하지만 라디오에서 열심히 방송을 한다. 그녀는 강원래 씨가 진행하는 방송 〈사랑의 가족〉에서 리포터를 하기도 하고 현재 CBS의 〈함께하는 세상〉에서도 리포터 일을 하며 장애를 입은 친구들을 인터뷰하며 새로운 삶이 있다는 것을 알려줍니다.

그녀가 요즘 많이 신경을 쓰고 있는 일은 그래도 가장 기본인 보장구에 관한 일입니다. 절단장애인들이 겪는 고통 중에 가장 큰 부분이 보장구라고 합니다. 정부에서 지원해 주기는 하지만 여전히 국내의 보장구 기술은 발전이 더디고 그럴 수밖에 없는 것이 자본주의 사회에서 일부 한정된 이들이 고객이다 보니 기술 연구비를 쓰기가 쉽지 않은 탓이겠지요.

그런 상황에서 활동을 자유롭게 하고 싶은 절단장애인들에게 꼭 필요한 것이 스페어 보장구인데 실재 한 구도 제대로 갖지 못하는 게 현실이어서 언감생심 스페어 보장구는 꿈도 못 꾼다고 합니다.

"의족이나 의수는 늘 쓰는 것이어서 당연히 망가지는 일이 잦아요. 거기다 수명도 한 삼 년에서 오 년? 그리 길지 않지요. 그런데 본의 아니게 망가져서 고치러 보내면 일주일 이상 걸립니다. 그러면 우리 같은 이들은 활동이 거기서 멈추지요."

그녀로서는 그게 가장 안타깝습니다.

"스페어 보장구 갖기 운동을 하고 싶은데 갈수록 더 힘든 여건이 되어서 정부의 지원은 고사하고 기업의 후원도 받기가 힘들어요."

그래도 그녀는 멈추지 않습니다. 이제 우리나라도 장애에 대한 인식이 달라지면서 각 장애별로 협회나 센터가 만들어져 있습니다. 절단장애는 타 장애보다는 등급이 낮다고 하여 장애인 내에서도 후원이 여의치 않은 상황이고 절단장애협회 발족 또한 가장 늦었지만 그래서 할 일이 더 많다고 합니다.

앞으로 할 일은 절단장애인들을 위한 센터를 짓는 일입니다. 그녀가 처음부터 해 오던 수영이나 운동을 할 수 있는 공간을 마련하고 싶은 꿈이 생기면서부터 그녀는 다시 또 활발하게 움직이고 있습니다. 그 공간에서 비장애인과 장애인이 함께 어울리는 꿈을 꾸면 저절로 웃음이 번져 나옵니다.

"저한테 행복은요. 한두 명이라도 제가 하는 일로 그분들이 행복해지는 거예요. 서산의 그 할머니처럼 저를 보고 용기를 얻었다는 분들을 보면 저도 힘이 막 나요."

우리가 세상을 살아가는 힘은 여러 가지가 있을 겁니다. 본인이 성공을 해서, 부자가 되어서, 자식이 공부를 잘해서, 남편이 잘 나가서, 그러나 그녀는 타인의 행복을 통해 자신이 행복해지는 것을 느낀다고 합니다. 김진희, 그녀는 저와 동갑입니다. 부끄럽지만 저도 그런 경험을 할 때가 많습니다. 제 몸이 고되어도 누군가 제가 하는 일로 즐거워하면 더 힘이 나서 그 일을 열심히 하려고 덤빌 때가 많거든요.

우리가 살면서 정작 행복해지지 못하는 건 배경, 능력,

지위, 장애가 아닌 자기 자신 때문이라는 것을 아시나요? 그녀는 자신을 인정하고 그것들로부터 뛰어넘어 자유롭고 싶어 했습니다. 그리고 자신을 부끄러워하지 않았습니다.

장애가 혐오스럽다고 생각하시나요? 팔이 없고 다리가 없다고 흉하게 보이나요? 우리 마음 안에 있는 있어야 하는 감정들이 없는 게 더 흉할지 모릅니다. 드라마보다 더 드라마틱한 삶을 사는 그녀, 산처럼 우뚝 서 있습니다. 고독한 사랑과 고독한 자유를 안고 그녀가 서 있습니다.

행복 키워드 실험 중

그녀를 만나러 가는 날은 화창했습니다. 잠을 덜 자서 약간 피곤했지만 가는 길이 막히지 않아서 기분이 상쾌했어요. 그녀가 사는 봉천동은 제 이모가 사는 동네라 익숙했는데 아파트가 많이 들어서서 오랜 시간을 훌쩍 뛰어넘어 온 것처럼 잠시 저를 추억에 젖게 하기도 했습니다. 그러고는 잠시 걱정을 했습니다. 그녀가 저를 만나러 잘 나와 줄까? 제가 그녀의 집 대문 앞까지 가야 하는 건 아닌가? 그런 저의 무지한 걱정과 달리 그녀는 저를 향해 걸어왔습니다.

처음 본 그녀에게서는 봄빛이 흐릅니다. 두 아이의 엄마라고 들었는데 곧잘 아이처럼 해맑게 웃어 보입니다.

그녀를 만나러 오기 전 봐 두었던 빵집에 가서 이야기를 나누려고 찾아가니 음악 소리가 거슬립니다. 그러자 그녀는 자기가 아는 찻집이 있다고 구청 뒤로 가자고 합니다. 골목길 안에 있는데다 간판도 매우 작아서 아는 사람들만 찾아가는 조용한 찻집에 물어물어 갑니다. 길을 찾아가는 동안 자신이 설명해 줄 수 없음에 그녀는 안타까워하고 저는 그녀가 미안해할까 봐 마음이 급해집니다. 그리고 한마디 "운전을 잘하시네요." 그녀가 편안했다니 참 다행입니다.

찻집에 들어서서 저는 주위를 둘러볼 사이 없이 그녀와 나눌 이야기만 신경 씁니다. 그녀가 다시 내게 "여기 인형도 많고 아기자기해요."라고 말하는 바람에 주위를 둘러봅니다.

눈에 보여야만 세상을 본다고 생각하시나요? 봄빛을 닮은 그녀는 시각장애인입니다. 집안에 누구도 시각장애자가 없기에 그녀가 눈이 보이지 않을 거라는 상상은 할 수 없었다고 합니다. 백일 때 자꾸 우는 그녀를 안고 엄마는 병원을 찾아갑니다. 소아과도 데려가고 내과도 데려가고 이비인후과도 데려가고 그래도 어디가 안 좋아 우는지 알 길이 없다가 마지막으로 찾아간 규모가 크지 않은 개인 안과에서 미심쩍어하며 걱정하는 눈빛을 한 의사의 소리를 엄마는 듣습니다.

"속눈썹이 아이 눈을 찌르네요. 아무래도 큰 병원에 있는 안과를 가 보세요."

그리고 찾아간 서울대학교병원에서 의사는 짤막한 한 마디를 던집니다.

"선천성 녹내장입니다."

80년대만 해도 앞이 보이지 않는 사람을 소경이라고 했습니다. 의사는 그녀의 엄마에게 이 아이는 태어날 때부터 소경이고 눈이 좋아질 확률은 전혀 없다고요. 엄마에게는 정말 하늘이 무너지는 소리였습니다. 절망적인 선고를 받은 그녀의 엄마는 버스를 타고 집으로 오는 길, 차창 밖을 보며 생각합니다.

'이 아이를 제대로 키울 수 있을까? 이렇게 사느니 차라리 세상에서 떠나보내는 게 낫지 않을까?'

아이와 함께 차창 밖으로 떨어져 버리고 싶을 만큼 괴로웠던 엄마는 그녀에게 가끔 그런 이야기를 합니다. 그때 버리지 않고 키우길 참 잘했다고요.

엄마가 되어서 그녀는 부모의 심정을 이해합니다. 자

식을 위해서 온전히 해 주지 못할 때 절망이 얼마나 큰지를! 거꾸로 다른 엄마들처럼 아이에게 온전히 다 해줄 수 없어서 그녀는 참 많이 미안해합니다.

눈에 보이는 것만으로는 세상을 다 알 수 없습니다. 어쩌면 눈보다 세상을 보는 건 마음인지도 모릅니다.

그녀가 세상을 보는 방식이 궁금했습니다.

"저는 한 번도 달을 본 적도 해를 본 적도 없어요. 하지만 제가 생각하는 해와 달이 있지요. 아마 제가 설명해도 모르실 거예요."

그녀 나름으로 세상을 보고 느끼는 방식은 분명 있을 겁니다. 그녀와 처음 만나 바로 그것을 느끼려고 하는 건 무리한 욕심이지요. 하지만 누구보다도 감각이 섬세한 그녀가 세상을 나보다 훨씬 더 정확하게 보고 있을지 모른다는 생각은 과장이 아닙니다. 향기나 체취로 상대를 느끼고 말투나 어감으로 성격을 감지하고 목소리가 들리는 위치로 키를 알기도 하고 길을 안내해 줄 때 자연스럽게 팔을 잡고 피부를 접촉하며 그의 건강이나 상태를 알 수 있습니다. 보이는 것은 어쩌면 더 많은 편견을 만들지도 모릅니다. 보이는 그 자체에서 생각이 갇혀지는 경우도 종종 있기 때문입니다.

그녀는 1급 시각장애로 전맹입니다. 시각장애를 바라보는 일반적 걱정과 달리 그녀는 어린 시절, 특별히 어렵게 지내지는 않았다고 합니다. 다만 어머니는 그녀에게 늘 깔끔하게 단장하고 다니기를 원했습니다. 그녀가 지저분하면 사람들이 혹시 앞이 안 보여 그러지 않을까, 하고 더 안쓰럽게 볼까 봐, 염려하는 마음이었겠지요. 어머니보다 더 그녀를 강하게 해 준 건 언니였습니다. 시각장애인인 그녀를 도우려고 어머니가 앞서면 언니는 늘 그렇게 말했다고 합니다.

"엄마, 엄마가 평생 호진이를 데리고 살 거 아니면 스스로 하도록 내버려 둬요."

용인에서 태어나 아직도 용인이 친정인 그녀는 언니에게 운전도 배웠다고 합니다. 물론 일상에서 할 수는 없지만 그녀에게는 매우 색다른 경험이었습니다.

"우리 집 근처에 에버랜드가 있어요. 밤이면 에버랜드에 손님들이 빠져나가니 주차장이 텅텅 비잖아요. 언니가 제게 이런 경험도 해 봐야 한다면서 운전대에 앉게 했어요. 두려웠지만 언니가 곁에 있고 저도 그 느낌을 알고 싫어서 핸들을 잡고 액셀을 밟았지요. 제 발끝으로 속력이 난다는 게 신기했어요. 우리는 같이 소리를 지르면서 차를 몰았어요."

그녀에게 언니는 든든한 가족이며 친구였습니다.

"언니가 그러는데요. 제가 시각장애인 특유의 무표정하면서도 찡그리는 표정이 있데요. 그러면 좋은 인상을 남길 수 없다고 늘 웃으라고 말했어요."

그녀의 봄빛에는 언니가 있었습니다.

그녀는 여행을 참 좋아한다고 합니다.

"시각장애인이 여행을 좋아한다면 우습지요? 뭘 볼까? 그런 생각을 하겠지요?"

그러나 그녀는 실제 보지 못하지만 바다에 가면 바다 향기를 맡고 바람을 느끼며 파도의 이미지를 만듭니다. 산에 가면 발바닥으로 산길의 감촉을 느끼고 나무의 향을 맡습니다. 풀들이 바람에 서로를 비비며 내는 소리도, 후다닥 달아나는 새의 날갯짓도, 그녀의 눈앞에서 펼쳐집니다. 볼 수 없기에 느낄 수 없을 거라는 나의 편견이 사라지며 그녀에게 매우 미안한 마음이 듭니다. 그래서 그녀를 만나기 전 선물할까 말까를 고민한 내 책을 건넸습니다. 여행에세이와 가이드를 겸한 『하동 느리게 걷기』라는 내가 사는 곳에 대한 이야기를 담은 책을 건네니 그녀는 매우 설레어 합니다.

서울에 살았을 때 저는 어린 시절, 집 주변에서 시각장애인들을 자주 만난 적이 있습니다. 내가 살았던 노원구 근방에 아마도 맹인시설이 있었던 것으로 기억하는데요. 그때는 어떻게 도와드리지는 못하면서 막연한 두려움이 있었던 것도 사실입니다.

서울을 떠나오기 전 저는 시각장애인 시설에 무턱대고 전화를 해서 책을 읽어 주는 일을 하고 싶다고 했습니다. 목소리에 자신이 있어서가 아니라 무언가 세상에서 내 존재가 필요하다는 인정을 받고 싶었던 때였습니다. 그러나 아쉽게도 바로 서울을 떠나오느라 할 수 없었습니다. 그런 내 이야기를 하자 그녀는 내 책을 저자인 내가 직접 읽어 주면 참 좋겠다는 말을 합니다. 그 말을 하면서 즐거워하고 들떠하는 모습에 덩달아 저도 기뻐집니다.

"언니는 절 스스로 일어서게 해 주었고 오빠는 저를 데리고 여기저기 여행을 많이 다녀 줬어요."

말씀이 없고 무뚝뚝해 보이던 아버지는 실상 마음이 여려서 그녀를 늘 걱정하셨다고 합니다. 그녀는 언젠가 아버지가 힘들어하며 눈물 흘리는 모습을 느끼고 앞으로 열심히 살아서 훌륭한 사람이 되겠다는 약속을 합니다. 그런 아버지는 그녀가 성년이 된 그다음 해 세상에서 떠납니다. 그녀의 어린 시절은 또래 아이들과 다르지 않았고 다만 직업교육을 위해서 충주맹아학교로 가서 기숙사 생활을 해야 했습니다. 가족들과 떨어져 조금은 외로웠지만 모두들 혼자여서 서로 의지를 하느라 그리 외롭지는 않았습니다.

"요즘 통합교육 이런 이야기 많이 하잖아요. 그런데 정말 중요한 것은 소외당하지 않는 거라고 생각해요. 함께 다니면 비장애인 친구들을 사귈 수는 있지만 또 그로부터 별도의 취급을 받는 경우도 있을 수 있잖아요. 그건 너무 상처죠."

보통 직업교육학교를 다니면 졸업하고 두 가지 길이 있습니다. 바로 현장으로 가서 안마 일을 하는 헬스키퍼가 있고 대학으로 진학하는 경우가 있는데 그녀는 대학을 선택했다고 합니다. 그녀는 대구대학교로 진학을 합니다.

"처음에는 국문학과를 가서 막연히 글을 쓰고 싶다는 생각을 했어요. 그런데 어느 날 교수님이 그러시더라고요. 요즘은 일반인도 국문학과를 나오면 할 수 있는 일이 많지 않다고, 그러니 사회복지사 공부를 해 보는 건 어떻겠느냐고요. 그 말씀이 틀리지 않는다는 생각을 했어요. 그래서 사회복지사 공부를 했지요."

그녀는 삶에 있어 능동적인 선택을 하고 또 그 선택을 현실적으로 풀어 가는 지혜로운 사람으로 보입니다. 긍정의 힘을 가진 그녀의 선택은 일상에서 제 몫을 다하게 됩니다. 그러기에 그녀에게 쉽지 않았지만 사랑이 찾아오지 않았을까요! 혼자 살겠다는 생각을 하지는 않았지만 그렇다고 누군가를 만나서 사랑에 빠지고 결혼을 한다는 것을 생각하기는 어려웠습니다. 사귀고 싶어 하는 사람이 더러 나타났지만 막연히 두려웠다고 합니다. 흔히 여고를 다니는 사춘기 소녀 아이들끼리의 대화처럼 기숙사 생활을 하면서 어울리는 언니들에게 들은 남자에 대한 이야기는 그리 달갑지 않은 말들이 많았습니다. 어린 감성의 아름다운 첫사랑도 가끔 기억하지만 남자라는 존재에 대한 막연한 두려움으로 결혼에 대한 생각을 하지 못할 때 지금의 남편을 만납니다.

자기의 인연은 백 미터 근방에 있다고 하는 말을 들은 적이 있습니다. 소개로 멀리에 있는 사람을 만나도 결국 소개한 사람이 백 미터 이내에 있어서 가능한 일이니 틀린 말은 아니라는 생각이 드네요. 그녀는 남편과의 인연이 예견되어 이어져 왔다는 생각을 종종 합니다. 사회복지사 직업 재활에 관한 일을 하기 전 그녀는 수원의 영통복지관에서 헬스키퍼를 했던 적이 있습니다. 그곳 관장님의 권유로 당시 시작 단계인 복지관이 자리를 잡게 하기 위해서 주민들 건강관리를 위한 헬스키퍼 일을 맡아 하다가 얼마 전까지 일을 한 봉천동의 실로암 복지관에서 남편을 만났습니다.

남편 이용구 씨는 그녀에게 직업재활상담을 받으러 오는 상담자였습니다. 그는 그녀의 이름을 듣고 바로 알아차렸다고 합니다. 수원의 영통복지관의 그녀 후임자가 바로 그이였기 때문입니다.

"사람들이 제가 자리를 옮기고 떠난 후 후임으로 온 지금의 제 남편에게 저의 이야기를 했나 봐요. 열심히 잘하고 갔다는 소리들을 하더래요. 그래서 남편은 절 만나기 전에 제가 좋은 사람이었구나 하는 생각을 했데요."

그리고 다시 새로운 직장을 알아보기 위해 온 곳이 그녀가 일하는 실로암복지관이었습니다. 그녀와 이용구 씨는 그렇게 만났습니다. 하지만 그녀에게 용구 씨는 처음부터 이성의 느낌은 아니었습니다. 서로 막연히 상대가 날 좋아할 리는 없다, 하는 소극적인 마음 상태였다고 합니다.

그러던 어느 날 그들은 서로의 마음을 확인합니다.

"교회를 다니던 그 사람이 선교를 하러 캄보디아를 간다는 말을 들었어요. 주일날 떠난다고 들었는데 떠나기 사흘 전 교통사고가 났다는 거예요. 큰 사고는 아니었는데 보험 문제도 있고 해서 병원에 며칠 입원을 해야 한다고 들었어요. 토요일인가 그날이 마침 초복인데 병원에 있는 그 사람에게 뭘 좀 해 주어야겠다는 생각이 들었어요. 인간적으로 좀 안쓰러운 생각이 들더라고요. 앞이 잘 안 보여서 그랬나 싶기도 하고, 그래서 삼계탕을 만들었어요."

그날은 비가 무척 많이 오는 날이었습니다. 삼계탕을 들고 나가면서 혹시나 싶어 그에게 전화를 했습니다. 그런데 그가 내일 예정대로 캄보디아로 떠나기 위해서 퇴원을 하는 중이라고 합니다. 그녀는 그가 무척 성실한 사람이라는 생각을 하게 됩니다. 어쨌든 몸이 아픈 데도 약속을 지키기 위해서 떠날 차비를 하는 그가 든든해 보였습니다.

마찬가지로 남편 이용구 씨도 삼계탕을 손수 해서 가져오려고 했다는 그녀의 말을 들으며 자신을 남자로 생각하지 않을 거라는 소심한 마음이 있었는데 아닐지도 모른다는 생각이 들어서 설레었다고 합니다. 캄보디아에 일주일 다녀온 용구 씨는 그녀를 찾아옵니다.

"사실 남자로 생각해서 사귀어 보고 싶어서 삼계탕을 끓인 건 아니었어요. 그렇다고 제가 그렇게 누구를 챙기고 그런 성격은 아닌데 참 희한한 일을 한 거지요."

그렇게 그들이 서로 호감을 가지고 만나려고 할 때 일이 터지고 맙니다. 아직 서로 좋아한다는 말도, 사랑한다는 말은 더더구나 건네지 못하고 이제 겨우 만나려고 하는 단계였는데 용구 씨의 어머니와 시누이들이 그녀를 찾아온 것입니다.

그날은 더위가 막바지를 향해 가고 간혹 밤에는 서늘한 바람이 불기도 하는 8월 말이었습니다. 어느 드라마에서 나오는 말처럼 그의 어머니는 그녀에게 아들과 만나지 말아 달라는 말을 합니다.

"그이가 저에 대한 호감이 일어나면서 한두 번 만났을 무렵인가? 그이가 어머니께 저를 만난다는 이야기를 한 모양이에요. 그리고 제가 아무것도 보이지 않는 전맹이라는 것도 말씀드린 거지요."

부모가 자식에게 가지는 욕심은 어느 부모나 마찬가지일 거라는 생각이 듭니다. 그녀도 자식을 낳아 보니 시어머니 심정이 충분히 이해가 갑니다.

남편은 그녀처럼 앞이 전혀 보이지 않는 것이 아니라 시야가 협소한 3급 시각장애인입니다. 그의 어머니는 아들에게 강한 부채감이 있었습니다. 초등학교 5학년 때까지 멀쩡했던 용구 씨는 자전거를 타고 어머니의 심부름을 가다가 교통사고를 당하게 되었습니다. 몇 번의 뇌수술을 받고 시력을 잃은 그는 절망적인 상황을 만나지만 다행히 6개월 후 시력을 되찾았다고 합니다. 이후 시야가 좁아지게 됩니다. 그는 일반고등학교를 졸업하지만 협소한 것도 생활에는 장애가 되기에 청주맹아학교를 다니고 직업 재활 상담을 받으러 나온 것이었습니다.

그의 어머니는 용구 씨가 당연히 일반적으로 살기를 바라셨습니다. 더구나 아들보다 장애의 정도가 더 심한 며느리를 볼 수는 없었나 봅니다. 아들이 의지가 되는 여자, 무엇보다 비장애인을 만나고 싶었던 어머니는 서둘러 그녀를 찾아온 것입니다.

그녀는 농담처럼 말합니다.

"어쩌면 어머니가 우리 결혼을 시키신 건지도 몰라요."

사랑이라는 속성은 장애 앞에서 더 강한 힘을 낸다고 합니다. 사랑이 위대한 것은 순탄한 상황보다 순탄하지 않은 상황에서 더 이어 가는 힘이 있어 그럽니다. 또 누군가에게 거부되어지는 것이 더 버티고 싶은 에너지를 갖게 했을지도 모르고요. 그녀는 서러웠지만 당당하고 싶었습니다.

"절 설득하시기보다 아들과 이야기하는 것이 빠르실 겁니다."

장애는 불편할 뿐이지 잘못은 아니기에 당당하고 싶었습니다. 물론 어머니도 그것을 모르고 하는 말씀은 아니라는 것을 알지만, 누구보다 평범한 며느리를 얻고 싶어 하는 마음을 이해 못하는 것은 아니지만, 이해와 용납은 다른 문제였습니다.

그것은 말로는 설명하기 힘든 운명의 힘이라는 생각이 듭니다.

"남편은 그렇게 적극적이고 과감한 사람이 아니에요. 그동안 어머니 말을 잘 들어온 착한 아들이었지요. 그런데 결혼을 서둘렀어요. 사람들은 제가 털털하고 적극적인 성격이니 결혼을 밀어붙였을 거라고 하는데 실상은 그렇지 않아요."

어떤 상황이고 어떤 일들이 일어났을 거라는 짐작이 갑니다. 결혼은 실상 아직도 가부장적인 이 사회에서 남자가 주도해야만 진행이 빠른 일생의 행사입니다. 만난 지 육 개월이 넘은 2월에 그는 프로포즈를 하고 달력을 뒤지더니 5월 23일에 결혼하면 좋겠다고 일방적으로 정했답니다. 그녀는 다른 생각을 하기보다 그를 행복하게 해 주고 싶다는 생각으로 따르게 됩니다.

"자신 있었어요. 어머니한테도 감히 그렇게 말했지요. 아드님을 행복하게 해 주고 싶다고."

전자파가 걱정되어서 전자렌즈를 사용하지 않을 정도로 섬세하고 소심한 남편이 이끄는 결혼이었습니다. 그의 그런 용기에 그녀는 따르지 않을 수 없었다고 합니다. 직장을 다니는 남편을 대신해 친정어머니의 도움을 받으며 혼자 예식장을 잡고 예복을 맞추고 친정어머니와만 돌아다니며 눈물도 났지만 그저 무탈하게 이 시간들이 지나가기를 바라면서 누구에게 기대거나 하지 않으려고 애썼습니다. 시어머니의 반대와 함께 당연히 친정어머니도 상처를 받게 되었습니다. 하지만 부모님들의 자존심보다는 그들의 사랑을 먼저 생각하고 싶었기에 모른 척할 수밖에 없었습니다. 그렇게 그들은 오 년 전 결혼을 합니다.

장애인이든 아니든 시어머니와 며느리는 불가근불가원입니다. 동양에서도 특히 우리나라에서는 고질적인 고민의 대명사가 고부관계라는 말을 많이들 합니다. 그러니 이제 어엿한 두 아이의 엄마로 살아가는 그녀에게 그 과정은 지난 이야기에 그칩니다. 지난 일은 가끔 그녀를 나무라거나 옹호해 주지 않는 신랑에 대한 투정으로 꺼내는 감초 같은 무기일뿐 더도 덜도 아닙니다.

그녀에게는 두 아이가 있습니다. 이제 막 사십 개월을 넘긴 아들 기쁨이, 이십여 개월을 넘긴 딸 다솜이, 그 아이들을 보면서 그녀는 행복이라는 키워드를 가동 중입니다.

'어디로부터 이렇게 소중한 손님들이 내 속에 찾아와 준 것일까요?'

행복이라는 단어에서 파생되는 바탕은 감사함입니다. 그녀는 두 아이를 남편과 키우고 있습니다. 가끔 친정어머니가 들르기도 하고 활동보조인이 와 주시지만 직장을 그만둔 채 아이들의 육아에 전념하고 있습니다. 그녀의 현명하고 지혜로운 생각이 행복을 맞이할 또 다른 키워드라는 생각이 듭니다. 나도 만약 시간 저편으로 돌아간다면 그녀처럼 기꺼이 그렇게 할 거라는 뒤늦은 아쉬움이 들기에 그녀의 선택에 전적으로 동감이 갑니다.

"사실 약간의 망설임도 없지는 않았어요. 정직원으로 자리를 지키고 싶은 욕심도 있었지요. 비정규직이 대세인 요즘, 정규직으로 다시 들어가기는 어렵잖아요. 아이들은 어차피 조금 있으면 어린이집에 갈 텐데 하는 생각도 들어서요."

그러나 그녀는 과감히 직장을 접습니다. 더 나은 수입으로 아이들에게 더 좋은 환경을 만들어 줄 수 있지 않을까 하는 생각을 할 수도 있었지만 소중하게 얻은 아이들 곁을 조금이라도 더 지키고 싶었습니다. 맞는 생각입니다. 아이들이 어린 시간, 부모를 필요로 하고 밀착하는 시간이 실상은 길지 않습니다. 초등학교에 가고 중학교에 가면 엄마가 함께 있고 싶어도 그럴 시간도 없고 더구나 아이는 성장하기 때문에 도리어 부모 품을 벗어나고 싶어 합니다. 그런데도 우리는 마치 아이를 위하는 것처럼 어린이집으로 유치원으로 아이를 떼어 보냅니다. EQ(사회성지수) 부족을 걱정해서 그런다고 하면 그녀처럼 오전만 보내면 됩니다.

그녀도 혼자 아이를 키우면서 많은 걱정이 들기도 했습니다. 처음에는 잘 낳을 수 있을까? 아이도 나처럼 눈이 보이지 않으면 어쩌지? 아이가 아프면 어떡해야 할까? 숟가락을 들어 밥을 먹일 때 잘 먹일 수 있을까? 교육은 또 어떻게 시키나? 아이가 커서 학교에 갈 때가 되면 어떡하지? 학교에 가면 급식이나 청소를 도와줘야 한다는데 그걸 어떻게 내가 해야 하나?

하루에도 수천수만 가지 걱정이 오가지만 그녀가 내린 결론은 닥치면 한다는 것입니다. 긍정적이고 낙천적인 그녀의 생각들이 행복의 키워드로 자리매김을 하고 있습니다.

언젠가 아이를 데리고 안과를 간 적이 있습니다. 혹시나 하는 걱정으로 고민을 하다가 확인하고 싶은 생각에 아이를 데리고 병원을 간 것이지요. 의사가 한 말은 "이 아이 왜 데려왔어요?" 였습니다. 그녀는 의사의 그 말에 가슴이 벅찼습니다. 내 아이들은 정상이구나! 그녀는 정말 행복했습니다.

엄마로서 최선을 다하기 위하여 그녀는 교육 세미나의 기회가 생기면 열성적으로 찾아갑니다. 부모도 배우지 않으면 안 된다는 생각이 들어서입니다. 낳아서 단순하게 키우는 것만이 부모 노릇은 아니기에 아이들에게 엄마도 이렇게 노력한다는 모습을 보여 주고 싶습니다.

그녀는 아이에게 솔직히 말했다고 합니다.

"기쁨아, 엄마가 다른 엄마들하고 다른 건 알지? 엄마는 눈이 보이지 않아. 그래서 다른 엄마들처럼 기쁨이와 놀이터에도 맘대로 못 나가고 그림도 그려 줄 수 없어. 하지만 다른 방법으로 기쁨이를 도와줄 수 있어. 그러니 힘든 일이 있으면 엄마에게 꼭 말해. 엄마가 어떻게 하든 도와줄게."

가장 힘든 건 기쁨이가 엄마에 대해 절망감을 느끼면 어떡할까? 하는 마음입니다. 우리 엄마는 해 줄 수 없을 거라고 미리 포기해 버리는 마음이 제일 안타깝습니다. 그러나 몇몇 분의 말을 듣지는 않았지만 척수손상장애를 입은 김형희 화가의 의인이처럼 아이들은 잘 적응합니다. 그리고 압니다. 자기들이 엄마의 다리가 되고 눈이 되어 주어야 한다는 것을! 그것은 일찍 철이 들어 안쓰러운 것이 아니라 사람이 가진 여러 본질 중에 가장 선한 것을 더 끌어내어 자신의 존재감을 스스로 인정하는 것이니 어쩌면 엄마의 힘든 상황이 아이를 더 세상에서 깊고 크게 만드는 것인지도 모릅니다.

"요즘은 그래도 도와주시러 오는 분들이 있어 참 좋아졌어요."

시에서 지원해 주는 활동보조원 선생님이 주말을 빼고 하루에 네 시간씩 집을 방문합니다. 그녀가 아이를 키우면서 할 수 없는 일을 더러 대신 해 주는데 놀이터에 가서 놀아 준다던가, 책을 읽어 준다던가, 혹은 원하면 가사 일을 도와주기도 합니다. 전에 비하면 훨씬 도움이 많이 된다고 말하는 그녀의 얼굴에서 또 행복한 마음이 비쳐집니다.

사람은 모든 것을 만족할 수 없고 모든 것에 초연할 수 없고 모든 고민에서도 자유로울 수 없습니다. 생로병사 희로애락이 삶의 주 감정이니 태어났으면 별수 없이 겪어야 하는 일들이 많습니다. 그녀는 보통의 여자들처럼 결혼 생활에 대해서도 고민하고 노력합니다. 그녀는 결혼할 때 남편을 행복하게 해 주고 싶다던 말이 떠올랐습니다. 두 아이를 키우고 시어머니의 마음을 살피는 일이 여느 여자처럼 쉽지 않으니 남편과도 자꾸 소원해진다는 생각이 들었기 때문입니다.

가끔 저는 그런 생각을 합니다. 드라마처럼, 혹은 열정적으로 사랑해서 결혼한 사람들의 결혼 생활은 어떨까? 모두가 반대해서 지구 끝까지라도 도망쳐서 함께 살고픈 사람과의 결혼은 어떨까? 간혹 그렇게 요란하게 결혼한 이들을 만나면 그래서 바보처럼 묻고는 하다가 어느 날 알게 되었습니다. 처음을 잊어버리면 그런 과정들도 모두 사라져 버린다는 것을! 어떻게 결혼했느냐보다 어떻게 살아가느냐가 더 중요하다는 것을 알면서 저는 그녀에게 묻지 않았습니다. 그랬더니 그녀가 알고 있다는 듯이 답을 줍니다.

"그 사람과 결혼하면서 내가 오기 때문에 결혼하려고 하는 건 아닐까? 거부당하니까 더 버티고 싶은 것은 아니었을까? 그런 생각을 했어요."

그리고 원망했습니다. 그렇게 당당히 나를 선택하고 내가 힘들 때는 왜 도와주지 않을까? 나는 죽어라고 하는데 저 사람은 왜 나를 가르치려고만 할까? 그래서 외로웠다고 합니다.

"그런데 어느 날 보니 그 사람도 저도 실은 혼자였어요. 우리를 도울 수 있는 건 우리 자신뿐이더라고요. 그래서 남편에게 편지를 썼습니다."

—사랑하는 당신에게…….

그리고 남편과 대화를 하면서 그가 가진 사소한 서운함까지도 인정하고 받아 주어야겠다는 생각을 합니다. 사랑이 메말라 간다면 누군가 그 사랑을 끌어내야 하는데 거기에도 마중물이 필요하다는 것을 아이들을 위한 교육을 가서 듣게 되면서 그 마중물을 남편에게도 부어야겠다는 생각을 합니다. 그녀는 자신의 행복의 키워드는 마중물이라고 말합니다.

마중물을 아시나요? 예전에는 수도가 부엌까지 연결되지 않아서 물을 쓰려면 마당이나 공동 우물가에 있는 손 펌프를 사용했습니다. 펌프 안에는 약간의 물이 있어야 그 물이 소통이 되어 지하에 있는 물을 끌어올립니다. 그런데 펌프를 바로바로 사용하지 않으면 펌프 안 고무통 위에 있는 물이 아래로 빠지거나 말라 버립니다. 그러면 지하에 있는 물을 끌어올리기 어려워지지요. 그래서 물을 한 바가지 정도 부어 아래위 물을 연결하여 끌어올리게 하는데 사랑에도 마중물이 필요하다는 것을 그녀는 알게 된 것이지요.

부모 자식 간에는 부모가 자식에게 마중물이 되어야 하고 부부간에는 누가 먼저일 것 없이 조금 더 마음의 여유가 있는 사람이 먼저 마중물이 되어야겠다는 생각을 한 겁니다. 아이를 사랑한다는 것이 아이만을 예뻐하고 잘 지내는 것이 아니라 아이의 아빠와 잘 지내어서 가족 안에 서로 사랑이 연결되도록 하는 것이 중요하다는 것을 알고 그녀는 실천하고 싶었습니다.

용구 씨가 퇴근해 들어오던 어느 날 그녀는 세숫대야에 물을 퍼 와서 남편의 발을 씻깁니다. 그리고 아이들에게 말합니다.

"자, 애쓰고 들어오신 아빠의 발을 씻겨 드리자!"

그 밤 남편의 발을 씻기면서 그녀는 자신의 마음이 더 풍요로워지고 따뜻해지는 경험을 합니다. 그녀는 내게 말합니다.

"행복이 뭐 그렇게 대단해야만 하는 건 아니지요? 그냥 소소한 일상이요. 순간순간 저는 느껴요. 그리고 사랑을 주는 게 더 행복하다는 것도 알게 되었어요."

그렇습니다. 행복이 뭐 대단해야 합니까? 한 번도 힘들지 않은 게 행복은 아니지요. 힘들지만 그 힘든 상황을 이겨 나가는 소소한 일상들이 행복, 그녀는 정말 행복한 사람입니다.

소박한 꿈의 비밀

세상을 사는 것에 대한 방향이나 마음가짐에 대하여 생각해 본 적이 있나요?

아마 있을 겁니다. 복잡하게 말고 단순하게 생각해 보자면 인생을 살면서 나는 이 세상을 못되게 살아야겠다, 라고 생각하는 사람은 없을 겁니다. 다만 나는 내 주장을 확실히 하고 손해보고 살지는 않겠다, 라는 마음가짐을 가질 수는 있겠지요. 그러면 자기의 주장과 다른 사람에게서 착하다는 소리를 듣지는 못할 겁니다.

저는 사춘기 이전까지 착하다는 소리를 종종 들었습니다. 그게 참 좋은 소리라는 생각을 하면서 더 착하게 보이려고 노력했던 때도 있습니다. 사랑받고 싶은 욕구가 앞서서였는지도 모르겠습니다.

그러다 직장을 다니면서 착하게 보이는 것이 때로 쉽게 보이는 것이 아닐까 고민하는 상황들을 만난 적이 있습니다. 사람들은 대게 주장이 센 사람을 만나면 힘들어하기는 하지만 그 사람의 말을 존중하더군요. 그런데 제게는 묻지도 않고 넘어가는 것을 보면서 언젠가부터 저는 착하다는 소리를 거부하게 되었습니다. 바보같이 손해보고 싶지 않았던 거지요.

그런데 제가 만난 그녀, 백현미는 그냥 봐도 참 착해 보입니다. 그래서 주위로부터 그런 소리를 많이 듣는다고 합니다. 착하게 살지 말라고 그녀는 착하지 않게 살려면 누군가 자기 대신 희생해야 한다는 것을 알기 때문에 그게 쉽지 않다고 합니다. 착하게 살면 상처가 깊다고 말씀하셨다는 과장님이 어떤 생각으로 그런 말을 하셨는지 감이 오지만 그녀는 애써, 일부러 그러는 것이 아니라 태생이 자신보다 남을 생각하는 것이 몸에 배인 듯해 보입니다.

우리는 서로 만나 여러 장의 종이를 두고 낙서하듯이 이야기를 해 나갔습니다. 이유는 그녀가 농아이기 때문입니다. 청각장애는 언어장애를 같이 가져오기 때문에 그녀의 말은 일반인들이 알아듣기 쉽지 않습니다. 그래도 저는 일부러라도 그녀가 하는 이야기가 알아들을 수 있다고 말하고 싶어서 쓰기보다 그녀의 입모양을 보고 말하고 싶은데 그녀는 저를 배려하느라 종이에 씁니다.

그녀는 한 살 때 열병을 심하게 앓았다고 합니다. 지금은 많이 달라졌지만 그녀가 태어난 신창동은 70년대 초기 지방에서 올라온 사람들이 대부분이어서 형편이 좋지 않은 이들이 모여 살았습니다. 만약 그녀의 형편이 좋았다면 어땠을까요? 참 슬픈 가정이고 할 필요가 없는 가정이지만 그래도 아쉽습니다.

열이 펄펄 끓어오르는 아이를 데리고 병원을 가서 열만 내린 채 돌아와 지내다 부모님은 후에 알게 됩니다. 아이가 잘 듣지 못한다는 것을요. 그러니 자연히 아이는 말을 하지 못합니다. 열병으로 아마 귀를 상했던 모양입니다. 그때는 참 그런 일이 허다했습니다. 그러나 사는 형편이 어려워서 별 방법을 궁리하지 못한 채 세월은 가고 아이는 농아로 커 갑니다. 어머니는 그녀가 농아가 된 것이 당신 탓 같아서 전혀 들리지 않는 아이를 붙들고 발음을 연습합니다. 그녀는 그런 어머니와 아침부터 저녁까지 쉬지 않고 일해야 하는 아버지를 위하여 큰딸 노릇을 하고 싶었습니다. 그래서 힘들어도 힘든 내색을 하지 않았습니다.

그녀는 자신과 같은 처지의 친구들이 함께 모여 공부하는 애화초등학교로 갑니다. 그러다 딸이 정상인처럼 자라기를 원했던 부모님은 그녀를 신창초등학교로 전학시킵니다. 애화초등학교를 다닐 때까지만 해도 공부에 흥미를 보여 반에서 1등도 하던 그녀는 일반 초등학교로 옮겨 비장애인 친구들과 어울리다 보니 성적이 떨어집니다. 그리고 많이 외로워집니다. 가뜩이나 감수성이 예민한 나이에 친구들과 소통하지 못한다는 것은 아픔일 수밖에 없었겠지요.

그녀는 정보산업고등학교에 진학해 웹디자인을 배웁니다. 고등학교에서는 디자인과를 다니다 보니 스스로 무언가를 만들어 내는 것에 즐거움을 가지게 됩니다. 대학에 진학해서 디자인 공부를 더 열심히 해 보겠다는 꿈도 가집니다. 그러나 곧 그녀의 꿈은 좌절됩니다. 그녀와 연년생인 동생도 바로 일 년 후면 대학에 진학해야 하기 때문입니다. 그녀는 양보하기로 합니다. 하얀 종이 위에 그녀가 씁니다.

"사회생활 바로 하는 것도 재미있을 것 같았어요. 괜찮아요. 대학보다 사회 경험이 풍부해서 좋아요."

그녀는 현실에 적응합니다. 하지만 그녀가 처음 다닌 직장의 처우는 아무리 생각해도 참 말이 나오지 않습니다. 우리의 현실이 이토록 잔인한 것일까요? 그녀는 자신이 배운 것을 활용했다고 하지만 저는 화가 났습니다.

졸업을 하고 그녀와 같은 농아 친구들과 소개를 받아 첫 직장 생활을 한 곳은 양재동에 있는 애니메이션 프로덕션이었습니다. 디자인과를 나오고 그림을 잘 그리는 그녀가 맡은 일은 TV의 만화영화를 그리는 일이었는데 그녀가 그린 것 중에는 아이들이 좋아하고 많이 알려진 만화들도 꽤 있었습니다. 그런데 그 한 장을 그리는데 받는 금액이 얼마인지 아시나요? 한 장에 480원에서 650원입니다. 하루에 꼬박 일하면 500장의 그림을 그립니다. 집에 와 밤새워 그리고 남들이 쉬는 주말에도 일을 합니다. 그래도 월급은 그리는 23만 원이 채 안 됩니다. 아무리 십여 년 전의 임금이라고 해도 제가 보기에는 최저임금도 안 되는 금액을 받으며 그 직장을 1년 5개월이나 다닙니다. 의정부로 이사를 가는 바람에 집에서 양재동까지 출근하는 시간만 해도 두 시간이 넘게 걸렸다고 합니다. 일반인들에 비해 턱없이 직장 선택의 폭이 좁은데다 세상에 대해 두려움이 앞섰던 그녀는 움츠러들 수밖에 없었을 겁니다.

친구들은 고작 몇 달 안 있다가 떠나는 곳에서 그녀는 무던히도 버팁니다. 좁고 어두웠던 공간에서 그래도 집에 조금의 보탬이라도 되겠다는 생각에 옷 하나 변변히 사 입지 못하고 그 또래 처녀들이 꾸미는 화장 한 번 제대로 안 하고 그녀는 젊은 청춘을 그렇게 보내 버립니다. 그러면서도 시종일관 웃음을 잃지 않고 지나간 일은 아무것도 아니라고 담담히 말합니다. 내가 이렇게 화가 나고 속상한데 그녀는 계속 괜찮다고 합니다.

"그래도 전문적인 일이었으니까요."

돌아보면 그때가 가장 힘들었겠다고 말하니 그래도 그때는 일을 할 수 있어서 나았다고 하네요. 일을 하지 못하고 있었을 때가 가장 지옥이었다고 말하는 그녀를 보며 제 마음에 사락사락 비가 내립니다.

언젠가 오래 만화를 그리면 내 만화도 그릴 수 있지 않을까 꾸어 본 꿈도 너무 열악한 환경 앞에서 접어 버리게 됩니다. 그나마 일거리도 없어서 그녀는 다시 새로운 일에 도전합니다. 웹디자인 교육을 받고 국립중앙도서관 DB를 구축하고 이미지를 보정하는 일을 맡아 직장을 옮깁니다. 그리고 국회도서관으로 법원으로 서울대에 있는 규장각으로 돌아다니며 일을 합니다.

그렇지만 임금도, 일하는 여건도 나아지지를 않습니다. 의정부 회룡역인 집에서 서울대까지는 너무 멀고 일은 녹록치 않습니다. 열심히 열심히 일해도 삶이 나아지지 않을 때 어떤 마음이 들겠습니까! 저라면 아마 매우 절망했을 겁니다. 그러나 그녀는 절망하지 않습니다.

누구나 그렇지만 그녀도 누구보다 행복하고 싶었습니다. 젊고 순수한 그녀는 또래의 처녀들처럼 사랑도 합니다. 하지만 가진 것 없고 장애가 있는 현실 앞에서 사랑도 그녀에게 친절하지 않았습니다. 그녀에게 사랑은 깊은 상처만을 주고 떠나 버립니다.

"사랑, 욕심 없어요. 괜찮아요. 혼자 살아도 좋아요. 엄마 아빠 힘들지 않으면."

그래도 젊은데, 그리고 이렇게 예쁜데, 라는 상투적인

말을 꺼내고 나는 감춥니다. 제가 얼마나 그녀를 이해할 수 있겠습니까! 누군가는 평생에 여러 번의 사랑을 할 만큼 강한 심장을 가지고 태어나기도 하지만 누군가는 단 한 번의 아픔으로도 자신이 사그라들어 버리는 것을요.

학교를 졸업한 스무 살부터 서른여섯 살까지 그녀는 단 하루도 쉬지 않고 일을 해 왔습니다. 맡긴 일은 밤을 새워도 다 하고 결근하지 않았지만 애니메이션 일과 DB 작업일로 젊은 시간을 보내다 보니 생산직 경험이 많지 않아 대기업의 공장에는 다니기가 쉽지 않았습니다. 그녀가 한 생산직 경험은 천연비누 공장에서 한 포장 일이라든가 춤추는 베이커리라는 빵 공장에서 포장을 한 게 고작이었습니다. 힘들지만 생산직은 정규직이 될 수도 있어서 그녀는 아쉬웠습니다.

"뭐든지 빨리 보고 배울 수 있는데 말이 안 통하니 어렵서만 보잖아요. 아쉬웠지만 할 수 없지요."

그렇게 그냥 살아가기에는 일도 힘들고 보수도 너무 적어서 그녀는 늦었지만 네일아트 일을 배워 봅니다.

"일산 능력개발원에서 3개월 다니며 네일아트를 배웠어요."

그녀는 누구보다 그림 그리는 것을 좋아했기 때문에 네일아트는 그녀의 적성에 맞았습니다. 손가락을 손질하고 작은 손톱 위에 그림을 그리고 보석을 수놓아서 예쁜 모습을 만들어 주는 섬세한 작업이 그녀는 너무 좋아서 누구를 만나든 손톱을 만져 주고 싶어 합니다.

"저는 살면서 운이 좋았던 적이 없어요."

그녀가 말하지 않아도 지나온 시간이 읽혀집니다. 그녀와 저는 아마도 시차를 두고 한 공간에 머물렀던 것 같습니다. 저도 예전에 집이 도봉동이었고 그녀가 다니던 정의여자중학교 곁의 정의여자고등학교를 다녔습니다. 우리는 같은 공간에 대한 이야기를 하며 동질감을 나눴습니다.

저 또한 살면서 행운은 늘 제게서만 비켜 간다고 느꼈던 적이 많았습니다. 그즈음 그 동네를 살았던 우리들은 세상의 행운과는 그리 가깝지 못했습니다. 우리가 지난 시간 살았던 그곳은 실개천의 맑은 물보다 공장의 오폐수와 생활하수의 도랑이 많았습니다. 그래도 내가 어릴 때는 도로 근처지만 더러 논도 있고 밭도 있었는데 한 세대쯤 차이가 나는 그녀의 어릴 적 그맘때는 막

개발이 시작되던 때여서 더 삭막했을 겁니다. 당연히 그 개발이라는 것도 우리네 살림살이와는 상관이 없었을 거고요. 도로는 북적이고 사람들은 점점 더 많아지고 우리가 추억을 저장할 만한 공간들은 없어져 가던 시절이었습니다.

그때건 지금이건 아이들은 그냥도 외롭습니다. 하지만 재잘재잘 소꿉놀이를 하며 때로 싸우고 토라져야 할 때, 그녀는 아이들의 눈치를 살피기 바빴을 겁니다. 아이들과 노는 대신 일하러 나간 엄마를 대신해서 집안일을 거드는 게 그녀의 소일거리였을 거라는 짐작을 합니다.

갑자기 엄청난 반성이 저를 당혹하게 하네요. 저는 사지가 멀쩡하고 똑 부러지게 말할 수 있음에도 신에게서, 세상에게서, 배반을 당하며 살아왔다고 지난날을 어둡게 기억합니다. 내가 선택할 수 없는 것들이 원인이라고 생각했기에 원망하기 바빴습니다. 태어난 배경, 일찍 돌아가신 아버지, 그 그늘에 대한 아쉬움, 그로 인해 기댈 곳 없던 시간들 모두 제게는 행복할 수 없는 이유들로 가득 차 있다고 스스로 생각했던 거지요. 사랑도 늘 제게만 가혹하다고 느꼈습니다. 어디론가 멀리멀리 달아나는 꿈을 꾸느라 많은 시간을 보내 버렸습니다. 늘 세상을 벗어나고 싶었지요. 나를 사랑하지 않고 나를 아쉬워하기만 하면 결코 행복할 수 없다는 것을 알기에는 가짜 상처들이 많았습니다.

그런데 그녀는 아무도, 아무것도, 원망하지 않는다고 합니다. 가끔 함부로 대하는 손님들 때문에 속이 상할 때도 있지만 그건 잠깐이라고 합니다. 손을 내밀고 손질을 받다가 그녀에게 무언가 질문을 하고 그녀가 어눌한 소리로 대답을 하면 '어머!' 하고 놀라며 보내는 눈짓에는 이미 이골이 나 있어서 괜찮다고 합니다. 말을 잘 하지 못하기 때문에 남보다 더 열심히 노력하지만 누군가 그것을 꼭 알아주기를 바라는 건 아니라고 합니다.

어디서 이런 착한 에너지가 나오는 걸까요? 어디서 이런 긍정의 에너지가 나오는 걸까요? 신은 공평하다고 믿고 싶지만 그녀에게는 더 세상을 안도록 요구하시는 것은 아닐까요?

아직도 제게는 부단히 다져야만 확인할 수 있는 행복을 그녀는 한마디로 환하게 말합니다.

"일을 할 수 있어서 참 행복해요. 운이 없다고 생각했는데 아니었어요. 같이 공부하고 아직 취직 못한 동생들

보면 미안하고 더 열심히 해야지 다짐하게 돼요."

누군가는 일하는 것이 힘들어 행복하지 않다고 말합니다. 더 좋은 직장을 가지고 있어도 원하는 일이 아니라고 불평하기도 하지요. 그녀는 지나온 시간, 더 힘들었던 때를 기억합니다. 일 년에 채 이천만 원이 되지 않는 연봉을 받으면서 그녀는 재벌이 보일 수 없는 환한 웃음으로 말합니다.

"백만 원이 넘는 월급을 받는 게 너무 고마워요."

저는 그녀의 환한 얼굴을 보며 두 손을 잡습니다. 마음 같아서는 꼭 한 번 안아 주고 싶다는 생각이 듭니다.

그녀는 신한생명 고객지원과에서 일을 합니다. 보험과 관련하여 내방한 고객들에게 회사가 지원해 주는 프로그램으로 기다리면서 잠시 서비스를 받게 하는 것이지요. 그녀는 일주일에 하루나 이틀은 네일아트에 필요한 메니큐어들을 잔뜩 담은 여행 가방을 끌고 서울역이나 다른 곳으로 지원을 나가기도 합니다. 날씨가 좋은 날은 상관없지만 눈이 오거나 비가 오면 여행 가방을 끌고 거리로 나가서 대중교통을 이용해서 움직이는 일이 여간 힘든 게 아닙니다. 그녀도 솔직히 그게 힘들다면 힘든 일이라고 합니다. 표정으로는 힘들지 않은데 제가 자꾸 힘든 게 뭐냐고 물으니 내놓은 그녀의 말입니다.

제가 아는 이 중에 알 만한 대학을 나오고 직업도 남들이 부러워할 만하고 돈도 제법 많은 이가 있습니다. 그런데 한 번도 나는 그에게서 그녀처럼 환한 웃음을 본 적이 없습니다. 저 또한 지리산에 내려가기 전, 서울에서는 제법 살 만하던 때가 있었습니다. 직업도 있어서 존재감도 있었지만 늘 제 스스로에게 불만이 많았습니다.

사람의 욕망은 끝 가는 데가 정해져 있지 않아서 한이 없다고 합니다. 위라고 정해 둔 곳을 바라보면서 사는 동안 제 자신은 없어지고 세상은 멀어졌던 적이 있습니다. 왜곡된 자신의 정체성에서는 사랑도 비틀어질 수밖에 없었는지 늘 허기가 졌습니다. 고개를 외로 꼬고 보면서 세상이 잘못되었다고 말하는 꼴이었습니다.

이럴 때 세상을 바로 볼 수 있도록 해 주는 건 무엇일까요? 저는 그녀를 보면서 틀어져 버린 세상의 잣대를 만난 것 같았습니다. 그녀의 웃음이 텁텁한 목을 뚫어 주는 박하처럼 상쾌하게 다가옵니다.

"돈을 벌어서 엄마에게 드릴 때가 제일 행복해요."

그녀가 이렇게 말할 때는 하마터면 울 뻔했습니다. 저도 부양해야 하는 나이 든 노모가 있습니다. 저는 평생을 제 인생의 짐이라고 생각하고 있었기에 그녀가 하는 말을 알아들으면서도 선뜻 동의하지 못했습니다. 예전보다 행복에 조금 더 가까이 갔다고 생각하지만 여전히 제게는 풀리지 않는 숙제 같은 가족에 대한 부분을 그녀와 헤어져 돌아오면서 오래도록 생각했습니다.

그러자 그녀의 엄마가 보고 싶어졌습니다. 어떻게 이토록 착한 딸을 두었을까? 궁금했습니다. 아들만 둘인 저에게는 훔치고 싶은 딸이었습니다. 결국 이것도 제가 감춘 욕심의 또 다른 면입니다. 훔치다니요! 그녀와 달리 저는 주어진 환경에서의 고마움을 자꾸 잊어버립니다.

이렇게 마냥 맑은 그녀에게도 꿈이 있습니다. 바로 정규직이 되는 거지요.

"지금은 일 년 계약직이에요. 정규직이 해 보고 싶은데……."

그녀는 그렇게 쓰고는 또 환하게 웃습니다. 요즘 같은 경기에 쉬운 꿈은 아닙니다. 일을 하지 않을 때가 가장 힘들었다는 그녀에게 일 년이 지나가는 어느 날은 매우 불안하고 힘든 시간이 올지 모릅니다. 내가 사장님이면 그녀가 가진 에너지의 파장을 놓치고 싶지 않지만 세상이 어디 뜻대로 되나요? 제가 겨우 해 줄 수 있는 말은 '잘 될 거라' 는 덕담의 한마디지만 제 그 말에 그녀는 마치 정규직이라도 된 냥 즐거워합니다.

그녀의 꿈이 정말 이루어졌으면 좋겠습니다. 그녀에게 더는 길게 말하지 못했지만 저는 그녀가 정규직의 꿈과 함께 사랑하는 이를 만났으면 좋겠다는 생각을 합니다.

'혼자 좋아요.'

라고 빨간 글씨로 썼지만 그녀의 선한 마음 뒤로 쓸쓸함이 읽혀졌기 때문입니다.

사랑은 외로움을 먹이로 하여 자라나기에 그 외로움이 자신을 삼킬 때도 있습니다. 우리가 아주 많이 부족하고 열정적이기만 하고 다소 표현하지 못하고 어리숙하던 그 무렵에 한 사랑은, 그저 첫걸음이었던 거지요.

〈봄날은 간다〉라는 영화가 있습니다. 주인공 상우 역을 맡은 차분한 유지태가 헤어지려고 하는 애인 은우(이영애)에게 묻습니다. "어떻게 사랑이 변하니?" 그런데 어느 광고 카피에서는 사랑은 변한다, 라고 못을 박습니다. 사랑에 관한 담론이나 경구들은 숱하게 많지만 어느 것도 확실히 단정해서 그것만이 정의라고 하는 말은 없습니다. 그만큼 사랑은 그 누구도 단언하지 못한다는 말이겠지요. 그러니 사랑에 실패하거나 사랑에 성공했다는 말은 옳은 말이 아닌 겁니다. 바꾸어서 사랑은 늘 그 앞에서는 모두 초보자가 되는 거지요.

어쩌면 저는 지금 대단히 오버하고 있는지도 모르겠습니다. 혼자가 좋아요, 라고 다소 수줍게 말하던 그녀의 말을 있는 그대로 받아들이지 않고 제 생각을 말하고 있으니까요. 오지랖 넓고 편협한 말 많은 동네 아줌마의 한마디가 더 보태어지고 맙니다.

그녀가 가진 행복의 열쇠는 이렇게 소박한 가운데에서 얻어지고 있습니다.

"세상에 짐이 되고 싶지 않아요!"

그녀가 열심히 사는 이유입니다. 그녀를 보며 사람들이 행복한 이유입니다. 착하게 산 끝은 있다, 라는 말을 생각합니다. 착하게 살아도 행복한 세상이라고 말할 수 있으면 좋겠습니다. 내 걱정과 달리 그녀는 저를 천진한 웃음으로 배웅합니다.

당신도 나와 함께 춤출 수 있어요

붉은 드레스를 입고 가느다란 손가락 끝을 세우며 여인은 춤을 춥니다. 하얀 라일락 아래에서 화관을 머리에 쓴 채 차마 그 꽃을 어쩌지 못하는 눈빛으로 여인은 춤을 춥니다. 백조의 날개옷을 입고 종종거리는 무대 뒤에 서 있는 여인도 곧 불려나가 춤을 출 태세입니다. 그녀의 그림들은 모두 춤을 춥니다. 가끔 맨발의 여인이 앉아 있는 모습도 보입니다. 쉬는 것으로 보이는 데도 가늘고 긴 다리의 발끝은 꼿꼿하게 서 있습니다.

화가 김형희는 춤을 추는 여인들의 아름다운 모습을 그립니다. 머리에 꽃을 꽂은 여자들의 눈은 꿈을 꾸듯 반쯤 감고 있습니다. 쉴 사이 없이 움직이는 여자들의 나신이 화면 전체를 메운 그림도 있습니다. 그림을 그리는 그녀의 손은 바삐 움직이지만 그녀의 발은 가만히 있습니다.

스물세 살, 그녀의 발은 멈추어 버렸습니다. 그녀의 발은 왜 멈추어야 했을까요? 그날은 매우 화창하고 밝은 날이었다고 그녀는 말했습니다. 무용과 4학년, 졸업을 앞둔 그해 삼월, 학교 수업은 휴강이었고 어머니 친구들과의 약속은 미뤄졌고 시간은 한가롭게 흐르고 있었습니다.

오랜만에 걸려 온 고등학교 동창의 전화를 받고 만나서 의논할 일이 있다는 친구의 부탁을 거절할 만큼 냉정하지 못한 그녀는 길을 나섭니다. 마찬가지로 시간을 내서 나온 그녀를 친구는 꼭 바래다 주고 싶었나 봅니다. 그냥 버스를 탔다면 일어나지 않은 일이 되었을까요? 인생은 늘 그러지 않았다면, 좀 더 그렇게 했다면, 하는 후회로 번민을 불러일으킵니다.

무용을 좋아했던 소녀의 눈은 쌍꺼풀이 깊었고 남보다 더 키가 컸고 다리도 길었습니다. 성균관대에 무용과가 생기고 처음 들어갔지만 재학 중에 이미 무용단 연습생으로 들어가서 무대에도 몇 차례 서고 예쁜 몸매 덕으로 모델 일도 하는 행운을 얻었던 그녀에게 그날의 사고는 기억하고 싶지 않은 일이었지만 현실이 되고 말았습니다. 신은 더러 모든 것을 한꺼번에 많이 주고 한꺼번에 앗아가기도 하나 봅니다.

경추 5번과 6번의 절단, 그녀의 몸은 바로 굳어 버렸습니다. 아무런 느낌도 심지어는 고통도 느껴지지 않는 몸, 자유롭게 날아다니면서 춤을 추던 발, 사방으로 바람을 가르던 팔, 뱅그르르 돌던 허리, 그 어느 것도 그녀를 위해 움직여 주지 않았습니다. 그것도 하루아침에!

그녀는 친구를 만나러 나갔을 뿐이고 면허를 딴 지 한 달이 갓 넘은 친구를 믿고 그 차를 탔던 것뿐인데 차는 곤두박질쳤고 그녀 혼자 그 차에서 두 발로 내리지 못했습니다. 그 모든 일들을 받아들이기에 그녀는 젊었고 너무 예뻤고 꿈이 많았습니다.

한번 시작한 불행은 자꾸 겹쳐 왔습니다. 치료를 위해 주사를 맞아야 하는데 부작용이 생긴 겁니다. 스티브 존스병이라고 치사율이 60%에 이른다는 그 병을 앓으며 또 한 번의 죽을 고비를 겪습니다.

"피부가 빨갛게 부어오르고 물집이 생기면서 꼭 화상

을 입은 것처럼 피부가 벗겨졌어요. 그런데다 목도 수술한 뼈가 붙지 않은 상태여서 몸을 움직이지 못하니 치료하기가 무척이나 힘들었지요. 한 번 치료를 하려면 여섯 일곱 명의 의사와 간호사들이 거들어야 했어요."

처음엔 온몸이 마비가 되어 고통을 모르더니 목뼈 수술을 하고 나니 피부의 신경이 살아나서 이젠 고통으로 다가왔다고 합니다. 스티브 존스병은 주사 부작용으로 피부가 자꾸 벗겨지는 병입니다. 치료의 방법은 특별하지 않고 벗겨진 피부로 병균이 들어가지 않게 약을 바르고 살갗을 말려 주는 것뿐입니다. 그런데 그 고통이 이루 말할 수 없답니다. 왜 안 그러겠습니까? 살갗이 살짝 베이기만 해도 아픈데 온몸의 피부가 다 벗겨지는 것을요. 차마 부모 앞에서는 할 수 없는 말을 그녀는 중얼거립니다.

"엄마 나 이제 견딜힘이 없어. 그만 놓고 싶어."

그런데 거기서부터 다시 희망이 옵니다. 목 수술 후 소리가 나오지 않아 다시 수술을 해야 하는데 너무 아파서 소리를 지르다 보니 목소리가 나온 것입니다. 그래도 그녀는 그 현실을 인정하기가 어려웠습니다.

"중환자실에서 나와 일반 병실로 옮겼어요. 많은 사람

들이 문병을 와 주었지요. 하지만 사람들이 찾아와 저를 위로하는 소리도 듣기 힘들었어요. 간병인 아주머니가 재활 치료에 대한 이야기를 하는데 듣기 싫어서 이어폰을 끼고 발레 음악만 듣기도 했어요. 하염없이 눈물만 흘렸지요. 나는 숨을 쉬어도 사는 게 아닌 사람이 되었구나. 그런 생각만 들었어요."

장기 입원을 할 수 없어 퇴원하던 날, 그동안은 아무렇지 않게 하던 행동들이 그녀에게는 모두 매우 힘든 일로 변해 있었습니다. 세수하기, 이 닦기, 숟가락 들고 밥 먹기, 이런 평이한 일상은 이제 평이하지 않았습니다.

어린아이처럼 그녀는 다시 시작해야 했습니다. 살아 있는 자체가 고통이었습니다. 몇 번이고 포기하고 싶었지만 자신보다 더 힘들게 버티는 부모님의 모습은 아픔이었고 반대로 의지가 되기도 했습니다.

그녀의 아버지는 그녀를 위하여 직접 재활 치료 용품을 만들어 주셨습니다. 나무로 하나하나 깎은 손잡이며 운동기구들을 보면서 그녀는 의지를 다잡습니다.

"이를 악물고 재활 운동을 하면서 일상생활을 웬만큼 해 나가고 있을 때였어요. 다른 건 되는데 집안에 있는 문턱을 넘는 건 힘들었어요. 오기가 생기더라고요. 그래서 이를 악물고 턱을 넘으려고 안간힘을 썼지요. 아침의 제 일상은 그렇게 시작되었어요. 엄마는 그런 제가 안쓰러워서 부엌으로 피하시고 아버지만 눈시울을 붉히면서 쳐다보고는 하셨지요. 어느 날 문턱을 가까스로 넘어섰지요. 아버지의 감격스런 표정이 잊히지가 않아요. 엄마는 부엌에서 달려 나와 저를 안으셨지요. 하면 되는구나! 저는 다시 희망을 얻었어요."

하지만 다시 걸을 수 있으리라는 희망은 또 가족을 지치게 합니다. 온갖 침, 뜸과 재활에 좋다는 치료약으로 그녀 또한 지칩니다. 그녀는 현실을 인정하기로 합니다.

사람들은 체념이라는 말을 두려워합니다. 그러나 그것은 포기와는 다른 말입니다. 체념은 깨달음의 다른 말입니다. 걷기만 하면 될 거라고 생각했지만 걷지 못한다고 모든 게 끝은 아니라는 것을 깨달으면서 그녀는 자신이 처한 현재의 상황에서 최선을 찾기로 합니다.

"옆 병실에 저처럼 자신의 남편이 척수장애를 앓고 있는 부인이 있었어요. 제게 재활치료의 방편으로 그림을 그려 보라고 권하데요. 처음엔 별 생각이 없었는데 지루하게 하루를 보내느니 무엇이든 해보자 하는 생각이 들었지요."

그녀에게는 지금도 그렇지만 쉬운 것이 하나도 없습니다. 그림을 배우기 위해 학원을 찾아다니는 일도, 계단이 있는 학원을 오르내리는 일도 무엇 하나 자유롭지 못했습니다. 배울 곳이 없다면 스스로 하리라 하는 마음으로 집안에 작업실을 만들어 달라고 하여 그녀는 붓을 듭니다. 그림을 그리는 행위도 쉽지 않기에 붕대로 팔을 묶어서 힘을 줘야 합니다.

걷는 건 고사하고 팔만이라도 제대로 움직여 줬으면 간절히 바라고 바랍니다. 그렇게 애를 쓰다 보면 자기도 모르게 눈물이 흐릅니다. 자신이 힘들어하면 더 아파할 부모님 때문에 소리 내어 울지도 못하고 이불 속에서 펑펑 웁니다. 그렇게 실컷 울고 나면 여기서 지칠 수 없다는 오기가 생깁니다.

그녀는 비로소 자신의 현실 앞에 마주 섭니다. 그토록 하고 싶었던 무용수의 모습을 그리기 시작한 겁니다. 그림 안에서의 그녀는 여전히 분홍 타이즈를 신고 몸에 딱 붙는 드레스를 입고 있습니다. 날씬하고 꿈에 부푼 소녀가 고개를 뒤로 젖히며 눈을 감고 흐느적 춤을 춥니다.

그림을 그릴 때면 그녀는 아픈 팔을 잊어버립니다. 무슨 일이 있어도 하루에 세 시간은 붓을 잡자고 다짐을 합니다. 그림을 그리고 나면 늘 부족함이 앞섭니다. 내일은 여기를 더 고치자, 그런 마음에 다시 붓을 잡습니다. 장애인 미술대전에 출품하여 당선이 된 후 더 자신감이 붙은 그녀는 1994년 신촌 세브란스 청송원 전시를 시작으로 세상에 그림을 선보입니다.

그림은 그녀에게 상처를 잊게 해 주었고 새로운 인생을 선물해 주었습니다. 평범한 일상이 쉽지 않았던 그녀에게 사랑이 찾아와 준 것입니다. 장애인미술대전에서의 입상에 스케치 여행이 부상으로 따라왔습니다.

제주도로 여행을 가던 날 그녀의 운명이 새롭게 시작됩니다. 스케치 여행에 자원봉사자로 따라와 휠체어를 밀어주던 청년은 그녀의 인생을 밀어주게 됩니다. 여섯 살이나 어렸지만 듬직했던 신랑, 하반신이 마비된 그녀와 달리 몸도 마음도 건강했던 청년은 그녀에게 선뜻 내게 의지하라는 말을 합니다.

"남편을 만나기 전에도 결혼을 하자는 사람이 있기는 했어요. 하지만 제 처지를 생각하면 꿈을 꾸기 어려웠지요. 그런데 무슨 용기가 났는지 몰라요."

대부분의 장애인과 비장애인의 사랑처럼 상대방 부모의 반대는 당연했습니다. 그녀의 남편 황성규 씨는 집을 나와 그녀에게로 갑니다. 주중에는 그녀와 함께 있고 주말에는 자신의 집으로 돌아가서 부모님을 설득합니다. 마음이 여린 부모님들은 아들을 존중하고 그녀를 받아들입니다.

모든 것을 다 잃어버렸다고 하는 순간, 신은 그녀에게 다시 하나씩 하나씩 주어서 그동안 누리고 살아왔던 것들이 얼마나 소중한지를 알게 해 줍니다. 그녀는 참으로 부지런하게 살았습니다. 하루도 붓을 놓지 않았고 하루도 허투루 보내지 않았습니다. 94년 이후 해마다 작품 발표를 멈추지 않았습니다. 어느 해에는 여섯 번이 넘게 단체전에 참여했습니다. 하루 여덟 시간씩 작업을 한 날도 있었습니다. 멀쩡한 사람들에게도 쉽지 않은 일이었지만 해냈습니다.

2002년 〈움직임의 자유 찾기〉라는 첫 개인전을 열면서 그녀는 무척 행복했습니다. 예전에는 무대 위에서 자유로웠지만 이제는 캔버스에서 자유로운 그녀를 말해 주는 전시회였습니다. 붉은 드레스를 입고 춤을 추는 그녀가 전시되었습니다. 발레리나가 되어 무대를 누비는 그녀와 화관을 둘러쓴 꿈꾸는 그녀가 나란히 벽에 걸렸습니다. 늦깎이 화가의 열정은 지치지 않았습니다.

하늘은 스스로 돕는 자를 돕는다고 했던가요! 하루도 쉬지 않고 자신을 단련하는 그녀가 장애인이어서 하지 못할 일이 무엇이었겠습니까! 그런 그녀에게 진짜 축복이 왔습니다. 아이를 갖게 된 것입니다.

"아이를 가졌다는 걸 어렴풋이 알면서 설레임과 동시에 걱정이 앞섰습니다. 그림을 그리는 순간에 나는 자유롭지만 현실에서 엄마인 나는 아무것도 할 수 있는 게 없었어요."

임신은 기쁨과 동시에 두려움을 가져다 주었습니다. 아이를 낳지 말까 하는 무서운 생각 뒤에는 아이를 힘들게 할지 모른다는 미안함이 컸습니다. 그녀는 자꾸 주저합니다. 그녀 자신도 부모님과 남편에게 짐인데 아이까지 태어나면 또 짐을 지운다는 생각에 쉽사리 결정할 수가 없습니다. 그런 그녀에게 남편은 하늘이 주신 선물이라며 잘 키울 수 있다고 그녀의 용기를 북돋워 주었고 병원을 다니면서 아이를 갖지 못해 힘들어 하는 비장애인 부부를 보면서 자신의 임신에 감사한 마음을 갖게 되었다고 합니다.

고위험군에 속하는 장애인 산모여서 일반 병원에서는 받아 주기 힘든데다 특이체질까지 있는 상황에서도 그녀는 태중에 있는 아이에게 용이라 이름 붙여 열심히 대화하며 아이를 키워 나갑니다. 그녀에게 모든 삶은 늘 도전의 연속입니다. 무엇 하나 쉽게 얻을 수 있는 건 없지만 무엇 하나도 쉽게 포기하고 싶지 않았습니다.

지금도 그녀에게 있어, 딸 의인이가 태어나던 날의 흥분은 무엇보다 가슴을 뛰게 합니다. 인생에서 가장 뿌듯하고 스스로가 대견하던 날을 꼽으라면 엄마가 된 그날이라고 그녀는 주저 없이 말합니다.

"아이는 한 달이나 앞서서 태어났어요. 하반신은 마비되었지만 용이(태명)의 태동은 느낄 수 있었지요. 하루하루가 참 눈물겨운 나날이었어요."

2006년 7월 의인이는 세상에 나왔습니다. 43cm의 1.84kg으로 얼굴이 조그만 해서 핸드폰보다도 작지만 아이는 태어나자마자 울음소리를 내어 인큐베이터로 가지 않고 바로 신생아실로 갈 수 있었습니다. 그것은 실로 큰 축복이었습니다. 의사 선생님은 앉아 있는 엄마 힘들지 말라고 작게 태어났다며 대견한 녀석이라고 했습니다.

야물고 단단하게 커 준 아이에게 고마워, 라고 말하며 그녀는 한없이 눈물을 흘렸습니다.

비장애인도 쉽지 않은 임신과 출산, 그 사이에 그녀에게 우울증이 찾아왔습니다. 그러나 그녀는 참 지혜로운 사람입니다. 늘 위기가 그녀에게는 기회로 작용한 것처럼 그 우울증도 거기서 더 커지거나 멈추지 않고 다른 가능성을 열어 두었으니까요.

그녀는 자신의 아픔을 통하여 새로운 길을 알게 됩니다. 바로 미술치료사의 길입니다. 인생에 있어 도전을 감내하고 호기심이 일면 끝까지 파헤치는 지구력으로 그녀는 자신이 가진 화가라는 재능을 재창조합니다.

"우연히 미술치료에 대해 알게 되면서 우울증을 극복할 마음에 미술치료 공부를 시작했어요."

자신의 몸만 건사하기도 쉽지 않은 상황에서 화가로 개인전까지 열며 자신의 존재감을 보이더니 결혼도 하고 한 아이의 엄마도 되고 이제 누군가를 치료하는 치료사가 되기로 한 것입니다.

그녀는 또 억척스럽게 공부에 매달립니다. 참 쉽지 않은 일 가운데 그녀는 늘 서 있습니다. 힐튼호텔 부설센터에서 오전 7시부터 저녁 6시까지 임상미술치료학회 공부를 하고 CHA(차)의과학통합대학원에서 임상미술치료학에 대한 석사 공부를 시작한 것입니다. 그녀는 세계 최초로 척추손상 환자의 우울감이 재활 동기 향상에 미치는 영향이라는 임상실습 자료를 논문으로 만들어 냅니다.

"그 자료를 만들 수 있었던 것은 제가 장애인이기 때문에 가능한 일이였을지 몰라요. 국립재활병원에서 임상실습을 하는데 제가 장애인이다 보니 장애인들이 잘 협조해 주었거든요."

자신의 가장 취약한 점이 자신의 강점이 될 수 있는 건 그녀가 지닌 긍정의 힘 때문이라고 봅니다. 그녀는 진작부터 혼자가 아닌 함께 추는 춤을 꿈꾸었기에 가능한 일이었습니다.

인생을 살아간다는 것은 알고 보면 아픔의 연속일지 모릅니다. 그 아픔이 단순히 상처로 남느냐 치유로 남느냐는 자기 몫인 거지요. 인생은 때로 잔인하여 우리를 몰아치지만 누군가는 살아남고 누군가는 패배합니다. 비장애인들이 겪는 마음의 병도 요즘 같은 세상에서는 환원이 어려운 장애입니다. 그녀는 자신의 장애가 힘들어서 삶을 포기하고 싶을 때 장애를 당하지 않은 보통 사람의 자살 이야기를 들으면서 충격을 받았다고 합니다.

'정작 몸이 아픈 것보다 더 큰 건 마음이 아픈 거로구나.' 하는 생각에 마음만은 아프지 말아야겠다고 생각했습니다. 그래서 자기 자신을 치유하기로 한 미술치료를 외연을 넓혀 다른 누군가에게로까지 확대하기로 한 것입니다.

"미술치료를 하기 위해 센터를 방문하면 대부분 치료받으러 오셨느냐고 물어요. 강의실에 들어가면 저처럼 척추손상장애인들은 저를 치료사라기보다 새로 온 회원으로 알지요. 제가 그들에게 말을 걸면 처음엔 놀라다가 제 처지와 자신들의 처지가 같다 보니 하고픈 말들을 편하게 해요."

미술치료를 시작하고 척추손상장애인 이외에도 지적장애인을 치료하러 간 날이 있었습니다. 지적장애인 주간보호센터라는 곳이었는데 말 그대로 지적장애를 안고 있는 환우를 주간에 보호하는 곳입니다. 보통 직장을 가진 부모를 대신해서 돌봐주는 곳이지요.

그곳에 가니 보호하는 환우 중에 두 명의 친구가 늘 말썽이라고 했습니다. 지적장애의 경우는 자학을 하거나 난리를 피우는 경우가 종종 있습니다. 대화도 어려워서 약물치료와 더불어 대체치료가 효과적이라는 판단에 따라 미술치료를 필요로 하는데 힘드실 거라는 귀띔을 미리 받았습니다.

그녀는 신체가 불편한 치료사입니다. 지적장애의 경우 돌발 행동이 나올 수도 있지만 세상을 살면서 더한 고통도 감내했는데 웬만한 돌발 상황쯤이야 하는 마음으로 치료실에 들어섰습니다.

그녀의 긍정의 힘은 이렇습니다. 상처에 아파서 덜덜 떨며 울기보다 미리 고통을 예감하는 순간, 도리어 나서서 받아들일 준비를 하는 것입니다. 소극적으로 굴면 상처는 흉터만 남기고 겁만 갖게 하지만 적극적으로 한발 나서면 고통은 자신을 단단하고 강한 사람으로 만들어 준다는 것을 알고 있습니다.

치료실에는 스물세 살 키가 180cm인 훤칠하고 잘 생긴 친구가 있었습니다. 말도 못하고 눈도 잘 마주치지 못하는 청년은 틱장애를 앓고 있어서 자신의 몸에 침을 바르며 일어났다 앉았다를 반복하고 있었습니다. 그녀는 아무 말 없이 그를 바라보며 당신의 고통을 알고 있다는 눈빛을 보냈습니다. 이름을 불러 주고 손을 잡아 주며 두려움을 없앴습니다.

두 번째 날 가니 그가 다가와서 팔에 뽀뽀를 했습니다. 너무 갑작스런 일이라 곁에 있던 선생님들은 그 친구가 그녀를 깨무는 것으로 착각하고 다들 놀랐다고 합니다. 본래 저런 표현은 생전 한 적이 없다는 말을 하며 센터 선생님은 앉아만 있어 주어도 고마운데 스킨십까지 할 줄은 몰랐다고 놀라워했습니다. 그녀는 그것이 사랑의 힘이라는 걸 압니다.

세 번째 날은 스티커를 떼어 붙이는 것까지 하는 그 친구를 보며 그녀도 놀라웠다고 합니다. 매주 금요일이면 그 친구를 만나러 가는데 선생님들 말이 목요일부터 미술치료 선생님이 내일 오느냐? 묻는다고 합니다. 그 친구를 치료하러 가면서 그녀는 도리어 자신이 그 친구에게 치료받았다고 합니다.

'나는 그래도 정신이 온전해서 얼마나 다행인가!'

한번은 파라과이에서 총기사고를 당해 척추손상에 장애가 온 젊은 청년을 국립재활원에서 만난 적이 있습니다. 그곳에서 워낙 자유분방하게 살다 보니 그에게는 일어서는 것 이상으로 성재활에 관심이 많았습니다. 사람들은 장애인이 갖는 성적 욕망에 대하여 알지 못합니다. 반신불수가 된 경우, 느낌은 사라지지만 머릿속의 느낌은 사라지지 않습니다. 그리고 남자들의 경우는 성이 자신의 존재를 확인하게 해 주는 과정에 속하기에 그냥 간과하고 넘어갈 수 없는 부분입니다. 그녀는 누드명화를 보여 주며 그의 재활을 돕기도 했습니다. 장애인이 가진 번식의 본능과 여성장애우의 출산이 어렵지만 불가능한 일은 아니기에 그녀는 출산을 원하는 여성들에게 힘이 되고도 싶었습니다.

그녀의 영역은 자꾸 더 확장되어 갔고 자신이 힘들었던 경험을 살려 한국장애인표현예술연대를 만듭니다. 처음 그녀는 자신이 결혼을 통하여 누렸던 기쁨을 나누고 싶어서 장애인들의 결혼에 대한 인식을 알리는 '화합과 평화의 웨딩페스티벌' 을 기획합니다.

"장애인들의 경우는 자기 일이 무엇보다 필요해요. 단순한 일보다 자기가 스스로를 치유할 수 있는 프로그램은 뭐가 있을까? 내가 도울 수 있는 방법은 무엇이 있을까? 그렇게 고민하다가 제 경험을 살려서 여성 장애인을 화가로 만드는 프로젝트를 기획했어요."

2010년부터 그녀는 '그녀들의 색깔 이야기' 라는 기획 전시를 하고, 2011년부터는 '나를 찾아 떠나는 그림여행' 을 기획해서 장애우들에게 가장 먼저 필요한 것이 자신의 처지를 인식하고 자기의 마음 상태를 알아 가는 것이라는 생각으로 여러 가지 멋진 기획을 해 봅니다. 장애인과 비장애인이 함께하는 휠체어 댄스와 같은 아이디어는 미술치료를 나가면서 얻을 수 있었습니다.

그녀는 어떡하든 장애인들에게 다양한 경험을 해 주고 싶어서 단체를 만들고 사업 기획서를 써 봅니다. 아무래도 장애인들은 문화예술을 경험하기가 쉽지 않습니다. 그런데 그런 이들에게 화가라는 길을 가도록 가르쳐 주는 역할은 생각만큼 나가지 않습니다.

세상일은 늘 쉬운 게 없습니다. 세상에서 남과 다른 건 몸일 뿐이고 그걸 견디고 이겨 내야 한다고 장애인 친구들에게 말하지만 말하는 사람도 받아들이는 사람도 쉽지 않습니다. 장애인이 단순히 그림을 그리는 것에서 그치지 않고 예술가로 인정받으려면 비장애인보다 여건은 더 나쁘고 노력은 더 해야 하기 때문입니다.

도와주고 싶은 마음이 앞설수록 더 따라 주지 않으리라 짐작이 됩니다. 우리나라처럼 인맥이 틀어쥔 사회에서 마음대로 사람을 만나고 마음대로 돌아다닐 수 없는 그녀가 부딪혔을 절망의 벽들이 얼마나 컸을까요!

그녀도 별수 없이 늘 곡선을 탑니다. 힘이 나고 기운이 솟아나다가도 지금 내가 무얼 하고 있는 걸까? 내가 하는 일이 그들을 행복하게 하는 걸까? 묻는 순간에 자신이 없어지기도 합니다. 다행인 것은 바닥을 치는 슬픔에 근접하면 그녀는 다시 오뚜기처럼 일어섭니다. 미술치료를 시작한 이후에는 슬럼프가 줄어들었다고 합니다.

그녀는 자신이 힘들었던 기억을 알고 있습니다. 아무것도 인정할 수가 없었던 순간을 말입니다. 왜 하필 내게 이런 일이 일어났을까? 그 원망과 회환과 후회, 그날 친구를 만나러 나가지 않았다면, 친구가 운전하는 차를 타지 않았다면, 수없이 자신을 질타하고 거꾸로 시간을 돌리고 싶었겠지만 그렇게 아파하는 시간이 길수록 일어서는 시간도 길다는 것을 압니다.

그녀는 사람들에게 말합니다. 인정하고 싶지 않겠지만 인정해야 한다고요. 그래야 다음 단계인 행복을 향해 나아갈 수 있다고요. 어차피 궁극의 목적은 장애냐 아니냐가 아니라 행복하게 인생을 살 것인가 말 것인가가 중요한 게 아니냐고 묻습니다.

아이 때는 선머슴아처럼 곧잘 뛰어다니며 눈치도 빠르고 머리도 영특했던 그녀, 늘 웃음을 지니고 꿈을 향해서 아무런 제재도 받지 않고 살았지만 너무 행복하다고 느꼈던 순간에 그녀는 모든 것을 빼앗겼습니다. 아무 잘못도 하지 않았는데도 말이지요.

하지만 절망하지 않고 버텨 주는 부모님이 계신 것에 그녀는 행복했습니다. 너무 미안해서 자신이 세상을 떠나 버리는 게 부모님을 위하는 길이라는 생각도 했지만 이제는 그녀가 있어 행복한 부모님의 모습을 봅니다.

거기에 남편도 있습니다. 여느 부부처럼 티격태격하기도 하지만 세상에서 내 편이 한 명 더 늘어났다는 것은 분명 행복한 일입니다. 거기에 딸 의인이, 어느 사이 훌쩍 커 버린 아이는 너무 일찍 철이 들었습니다. 엄마의 손을 대신해 자잘한 심부름을 해 주는 아이를 볼 때마다 그녀는 참 많이 미안합니다.

아이는 그런 엄마의 마음을 아는지 엄지공주처럼 아주 작게 태어났으면서도 아이들에게 흔하다는 황달도 걸리지 않았고 뇌수막염과 같은 전염성 질환에도 끄떡없이 잘 커 주었습니다. 세상에 또 빚을 질까 봐 주저했던 아이는 그녀를 대신해 빚을 갚아 주고 있습니다.

그녀가 이렇게 더 인생을 열심히 사는 이유의 큰 부분은 의인이입니다. 다른 일에는 많이 초연해진 그녀가 의인이 경우에는 약해져 버립니다. 지난해 말 의인이가 유치원을 졸업했습니다. 유치원 발표회 날, 그녀는 무대 뒤에서 자신감 있게 율동을 하기보다 작게 움직이는 의인이를 보며 그게 자기 탓인 것 같아 슬펐답니다.

"제가 만약 일반 엄마들처럼 의인이를 데리고 다녔다면 아이가 그렇게 소극적이지는 않았을 텐데, 그런 생각이 드니까 마음이 안 좋았어요."

세상의 엄마들은 늘 아이에게 미안합니다. 직장을 다니는 엄마는 직장을 다녀서, 집에 있는 엄마는 경제적인 뒷받침을 못해 줘서, 아픈 엄마는 자기 몸 돌보느라 아이에게 소홀하지 않나 해서, 어떤 엄마든 아이에게 자신만 만한 엄마는 세상에 없습니다. 그녀를 가장 기쁘게 하고 그녀를 가장 미안하게 하는 의인이를 그녀는 여느 엄마 못지않게 오히려 그보다 더 사랑합니다. 그래서 그녀는 매일매일을 버티며 살아갑니다.

그녀가 쓴 시처럼 신은 그녀의 높은 눈을 반절 접게 만드셨습니다. 처음에는 원망했지만 알았습니다. 예전에 보이지 않았던 '너무도 아름다운 세상과 마음껏 우러러

볼 수 있는 하늘을 발견했다.' 고 그래서 사랑도 행복도 알 수 있었다고 〈마음속의 눈높이〉라는 시에서 그녀는 말합니다.

그녀는 여전히 춤을 춥니다. 처음엔 혼자서 추었습니다. 자신을 추스르자 마자 그녀는 주위를 돌아보기 시작했습니다. 천성이 그녀는 그런 사람입니다. 혼자만 행복하기보다 혼자만 즐겁기보다 함께 즐겁고 싶은 그녀는 나와 같이 오지랖이 넓은 사람입니다. 음악을 사랑하고 커피향을 즐기고 컴퓨터로 세상을 보다가 우리는 이미 서로 만났습니다.

진리는 언제나 통하기에 그녀가 전하는 행복의 말들과 제가 전하는 행복의 말들이 다르지 않음을 느끼고 우리는 공감하고 기뻐했습니다. 저는 그녀가 소소히 다 말하지 않아도 그녀가 힘들어 하는 부분을 알 것 같습니다.

그것은 그녀가 장애인이어서 겪는 고통이 아닙니다. 누군가를 위하여 일을 하는 사람은 그 누군가를 위하여 늘 외로울 수밖에 없습니다. 그래도 그녀는 멈추지 않고 말합니다. 당신도 나와 함께 춤을 출 수 있다고, 아직 마음을 다 열지 못한 이들은 그녀의 손을 뿌리칠지 모릅니다. 그녀도 한때는 누군가를 그렇게 뿌리쳤습니다. 화려했던 지난 시간에 대한 애착으로 눈물만 흘리기도 했습니다.

그러나 자유가 두 발로 다니는 것만이 아니라는 것을 지독한 외로움 끝에 알고서 그녀는 하얀 캔버스 위에서 자유를 발견했습니다. 눈을 감고 크게 한 번만 숨을 쉬면 된다고 그녀는 말합니다. 때로는 실컷 울고 툭툭 털어 버리면 된다고 말합니다. 그녀가 남몰래 흘렸을 눈물들이 그녀에게 자유를 주었습니다. 그녀는 마음의 두 발로 자유롭게 춤을 춥니다.

기쁘고 슬프고 힘들고

그래도 행복해

행복의 조건 '나를 찾다'

이강조

그저, 그렇지 뭐!

"풍덩!"

순식간이다. 다리의 난간을 놓고 나니 그 깊이를 알 수 없는 한강으로 떨어지는 순간이 참 짧다. 그 짧은 순간, 길지는 않지만 짧지도 않았던 삶이 주마등처럼 스쳐 간다. 유년 시절이 지나가고, 친구들과 어울리던 시간이 지나간다. 부모님이 돌아가시던 그 순간도 지나간다. 그 순간순간이 기억 너머로 가고 있다.

'그래 안녕이다. 이렇게 결정하기까지 얼마나 많이 고민했어. 이러는 것도 결코 불행하고 싶어서가 아니야. 그런데 내가 꼴좋게 졌어. 행복이라는 녀석. 나랑은 참 관계가 없나 봐. 지금까지 기다려도 이렇게 오지 않으니.

참 내 마음처럼 되는 일도 하나 없고.'

여자로 태어나서 한 남자를 만나 살림을 차리고, 아들 셋, 딸 둘 합으로 다섯이나 낳았다. 가진 것은 없어도 자식 욕심이 많은 남편 성화에 속된말로 싸질러 놓은 애가 다섯이다. 먹을 것은 항상 부족하다. 특히 넷째 녀석을 낳고서 더 이상 아이를 갖지 않으려고 루프라는 피임도 했었는데, 지 팔자인지 또 애가 들어섰다. 그 녀석을 지우려고 보건소에 가다 남편한테 들켜 결국 낳은 것이 지금의 막내이다.

여자가 세상에서 바라보고 살 게 뭐 있나? 결국 남편 하나 아니겠나. '열 효자가 못난 남편 하나보다 못하다.' 고 그 남편 하나 믿고 살았는데…….

어찌하든 첫 만남부터 그리고 살림을 차리게 된 과정까지 모두 그려볼 수는 없지만, 열 아들보다 소중해야 할 남편이 지금은 밉기 그지없다.

그런 남편을 두고 떠난다. 애들 다섯 명도 함께 두고 떠나간다. 내 자식들이 눈에 밟히는 것도 사실이지만 그래도 중요한 것은 나 자신이다. 내가 행복하지 않은데 자식이 눈에 들어오겠어? 하지만 미안한 마음도 한아름이다.

남편의 키는 170센티미터가 넘을 정도로 훤칠하게 컸다. 얼굴도 그만하면 미남이었다. 그런데 초등학교 시절 시부모님이 모두 돌아가셔서일까? 남편은 늘 돈 문제에는 꼼꼼하다 못해 나를 힘들게 했다. 막노동을 하는 탓에 벌이는 들쭉날쭉했지만 그래도 사람이 성실한지라 남들 못지 않게 돈을 벌었다. 그럼에도 안살림을 하는 내게 돈을 맡기지는 않았다. 살림하라며 얼마의 돈을 주면 나는 그 돈으로 쌀도 팔아오고, 반찬도 마련했다. 한 푼이라도 아끼려고 동네 주변의 시장마다 돌아다니며 장을 봤다. 이곳은 생선을 저곳은 채소를 또 한 곳은 생필품을 싸게 팔았기에 말이다. 이런 나를 보며 둘째아들 녀석이 신발이 닳는 게 더 아깝다고 했다. 그만큼 장을 보는 날이면 다리가 아플 정도로 걸어야 했다.

'쨍그렁, 우당탕쾅 쿵쾅.'

"어쨌어? 그 돈을 어떻게 했냐고? 내가 그 돈을 벌려고 얼마나 쐬빠지게 일하는 줄 알아? 집에서 빈둥빈둥 놀기만 하는 예편네가 알긴 아냐고?"

남편의 성화에 나도 참을 수가 없어 대응사격을 했다.

"그래! 내가 무슨 바람을 폈냐? 아님 도박을 했냐? 니 자식 먹여 살리려고 살림한 죄밖에 없는데……."

결국 얼마 안 되는 돈 때문에 그렇게 목 터져라 부부 싸움을 했다. 오늘 아침의 일이다. 남편은 항상 그 얼마 안 되는 돈을 주고서도 잘못 썼다는 둥 잔소리가 많았다. 나도 여자인데, 행복하고 싶었는데…….

옆집과 비교하면서 살자는 것도 아니고, 그저 없는 살림에 믿어 주고 알콩달콩 살고 싶었을 뿐인데, 결과는 늘 싸움이다.

내가 이렇게 싸우는 데에는 이유가 다 있다. 얼마 안 되는 돈에도 벌벌 떨며 나를 잡아먹으려고 하는 남편이지만 공주에 있는 절에다가는 돈을 아깝지 않다고 바친다. 절이라고는 하는데 스님은 안 계시고, 암튼 동네에서 공주할매라고 하면 유명하다. 조그마한 암자를 가지고 있는데 병 고쳐 준다고 돈 받고, 또 어떠하다고 돈 받고, 남편은 그 할매 집으로 들어가는 돈은 절대 아깝게 생각하지 않는다. 그러면서도 지 자식 입으로 들어가는 살림에는 아깝다고 저 난리를 피우니 참 사람 곡할 노릇이다.

'더러워서 못살겠다. 아니 내가 안 살고 만다.'

속으로 그렇게 다짐하며 집 밖으로 나왔다. 걷다 보니 한강이다. 물을 보니 내 삶이 처량하기 그지없다. 자꾸 '살아서 무엇하노.' 그런 나쁜 생각이 든다. 에잇 그렇게 한강에 뛰어들었다.

몸이 물속으로 들어가지 않고 하류 방향으로 떠내려만 간다. 사람들이 나를 보며 손짓한다. 손짓한다고 내가 갈 수도 없는 노릇. 죽자고 뛰어들었는데 자꾸만 몸은 살자고 둥둥 떠내려간다. 얼마나 떠내려갔는지 누군가 나의 뒷덜미를 잡는다. 어느새 배 한 척이 나를 따라왔었나 보다.

"아주머니, 어떡하다가 이렇게 되었어요?"

검은 옷을 입은 사람이 물어본다. 자세히 보니 경찰이다. 자꾸 물에 어떻게 빠졌냐고 물어본다. 말할 기분이 아니다. 막상 죽자고 했으나 뭍으로 건져지니 또 살자는 마음이 생기는 걸까? 그냥 혼란스럽다. 조금 시간이 흐른 뒤에 입술이 움직였다. 굳게 닫혀 있던 입이 열리니 온통 남편 흉뿐이다.

"내가 살아서 뭐해요. 잘 살고 싶은데 남편은 믿어 주지도 않고. 애들 엄마로서 살림도 하고 싶은데 쥐꼬리만큼 주는 돈으로 오래 쓰라고만 하고, 주권도 없는 여자가 살아서 무엇해요."

나는 참 심각한데, 받아들이는 분은 심각하지 않은 표정이다. 그래도 내가 한강으로 뛰어든 것을 확인한 것이니 어떻게 해서든 나를 설득할 요량인 것 같다.

“아주머니, 그래도 애들을 생각하셔야지요? 애들한테 미안하지도 않으세요?”

“미안하기는 하더라도 사람이 살 힘이 생기려면 조금이라도 행복이 있어야 않겠어요!”

“누구는 행복합니까? 그냥 다 사는 게 행복이려니 생각하고 사는 거 아닐까요?”

“아니요. 행복한 사람이 얼마나 많은데…… 내 행복은 왜 이리도 야박하고요!”

남의 떡이 커 보이는 것일 수 있다. 하다못해 같은 처지로 같은 집에 살고 있는 수미네가 행복해 보이는 이유도 그럴 것이다. 그 집 아빠는 우리 남편보다도 벌이도 신통치 않고, 무엇보다 기술이 없어서 일도 많지 않다. 그래도 웃음꽃이 피어나는 것을 보면 부럽다. 돈이 전부일 수는 없다. 그러나 나는 주권을 갖고 싶다. 풍족하지는 않더라도 간섭받지 않고 자유를 누리고 싶다. 그러나 그것은 꿈일 뿐인 것 같다.

경찰은 그래도 행복하신 것 아니냐고 물음표를 던졌고, 나는 아닌 것 같다고 느낌표로 답했다. 얼마가 지났을까. 남편이 파출소 문을 열고 들어온다. 나를 힐끗 쳐다보고는 파출소 안쪽 방으로 사라진다.

우리 집 앞에 파출소가 있다. 어디 사냐는 경찰의 말에 ㅇㅇ파출소 앞에 산다고 답했더니 수소문 끝에 남편을 찾아 불렀다고 한다.

나의 발을 쳐다보니 맨발이다. 아마 물에 떠내려오면서 신발을 잃어버렸나 보다. 아, 신발. 없는 살림에 이제 신발값이 걱정이다. 얼마 지나지 않아 남편이 나온다. 그러고는 내 손을 끌고 파출소 밖으로 나왔다.

투벅투벅 맨발로 길을 걸었다. 남편은 말이 없고, 나 또한 말이 없다. 그렇게 맨발로 한참을 걸어 집에 도착하고 나니 큰딸이 엉엉 울면서 가슴에 안긴다.

'사랑한다는 말은 못하겠지만 미안하다는 말이 가슴에 맴돈다.'

그 일이 있은 후 남편은 조금씩 나에게 돈을 관리할 수 있는 주권을 넘겨주었다. 나중에 들은 말이지만 경찰이 왜 아줌마한테 돈을 맡기지 않냐고? 여자는 살림하는 맛에 산다고 해 주었다고 한다. 그래서 변했는지 내게 살림을 조금씩 맡긴다. 그렇지만 항상 점검하고 옥죄는 것은 예전과 다를 바 없다. 같은 처지인 것 같으면서도 아닌 것 같은 이상한 상황. 그러나 다르게 느끼니 조금은 나를 찾은 것 같아 위로가 되는 것은 사실이다.

이제와 생각해 보니 우스울 수도 있지만 한없이 슬플 수도 있는 기억이다. 우스운 것은 아직 내가 살아 있기에 느낄 수 있는 감정인 것 같다. 벌써 그때가 사십여 년 전 일이니, 강산이 네 번은 바뀐 것 같다. 그런데도 변하지 않은 것은 그 시절 나처럼 요즘 사람들도 돈이 뭐라고 죽고, 죽이고, 속고, 속이며 살아간다. 하늘나라 갈 때 가지고 갈 수도 없는 돈 때문에 목숨을 걸고 양심을 판다.

사십여 년이 지난 지금에야 느끼는 것이지만 돈 때문에 죽는 사람들을 보면 그래도 살아 보라고 충고해 주고 싶다. 돈 말고도 얼마나 웃긴 일이 많은데, 사람 속을 뒤집는 일이 얼마나 많은데. 그 고통이 지금은 아프지만 시간이 지나고 나면 얼마나 웃긴 일인데, 하고 말이다.

그 이후로도 변함없이 가난했다. 가장의 벌이도 신통치 않은데 줄줄이 다섯을 낳았으니 애들에게 쌀밥을 배불리 먹여 주는 게 소원일 정도다. 애들이 커 가니 들어가는 돈은 점점 배로 늘어난다. 해 주는 것도 없는데 벌이가 고정된 탓이니 쪼들리는 살림에 한숨이 절로 나온다. 꼬박꼬박 월세는 나간다. 그래도 그 월세 줄여 보려고 총 일곱 식구가 세 평짜리 한 방에서 비좁게 사는 데도 부족함을 벗어날 수 없다.

"현석 엄마? 현석 엄마?"

"……."

"수미 엄마, 현석이 엄마가 이상해."

"또야? 저번에도 그러더니. 요즘 갑자기 이상해졌어. 정신이 나간 사람처럼."

"그러게 미쳐 가는 거 아니야?"

"현석 엄마? 현석 엄마?"

우리가 살고 있는 집에는 월세로 사는 사람이 많다. 그 중에 우리 옆방에 살고 있는 상철이네, 지하 방에 살고 있는 수미네, 집안일 하고 나면 모여서 수다를 떠는 맛에 산다. 그런데 수다를 떨다가 내가 이상해졌나 보다. 옆집 수미네가 나를 흔든다. 내 팔을 잡고 얼마나 흔들었을까?

"으응, 왜?"

"괜찮아? 괜찮냐구?"

"왜, 무슨 일 있어?"

나는 아무일도 없는데 주위 사람들이 난리다. 그런데 옆집 수미 엄마만 뭐라고 하는 것이 아니다. 내가 요즘 들어 이상하다고 동네 사람들이 자주 말해 준다. 큰아들 현석이가 초등학교 졸업할 즈음부터 자꾸 기억나지 않는 순간이 생긴다. 뭐 큰일이 생기는 것은 아닌데 멍하니 있다. 누가 업고 가도 모를 정도로 정신을 놓고 있다.

남편 손에 끌려 공주에 갔다. 그 공주할매가 있는 절에 가서 불공도 드렸다. 남편은 없는 살림에 또 얼마나 갖다 주었을지 모를 일이다. 돈도 돈이지만 자꾸 이상하다는 말을 들으니 이 병이 사라지기를 간절히 원했다. 나만 모르고 남들만 아는 이상한 병에 나는 점점 빠져들고 있다.

그러나 쉽게 그 병이 호전되지는 않았다. 누군가는 미쳐 가고 있다고 하고, 누군가는 귀신이 들렸다며 굿을 해야 한다고 하고, 나는 모르고 남들만 아는 이상한 병. 아이들도 점점 주눅이 들어가는 듯했다.

병이 나면 소문을 내라고 했던가? 입소문을 타고 좋은 곳이 있다며 소개가 들어왔다. 전농동에 있는 교회인데 그곳에서 한 달에 하루 무료로 진료도 해 주고 약도 나눠 준다는 것이다. 그 말에 버스를 타고 한걸음에 달려갔다.

"세상에, 이렇게 아픈 사람이 많다니……."

모두 같은 병이 있는 것은 아니겠지만 이 세상에는 참 아픈 사람이 많은가 보다. 그 모습에 조금은 위안도 얻는다. 내 순번을 기다리기 위해 교회 바닥에 주저앉아 차례를 기다렸다. 이윽고 하얀 가운을 걸친 여자분과 마주하였다. 의사인 것처럼 무언가 전문가적인 냄새가 물씬 풍겼다.

넋두리 같은 지금까지의 상황을 설명하였다. 무슨 병인 것 같다고 말씀은 해 주었는데 기억나지는 않는다. 다만 집으로 돌아오는 길의 나의 손에는 석 달치라며 분홍색 알약이 쥐어져 있다. 하루에 세 번. 꼭 식사 후 먹으라는 당부와 함께 말이다.

그 약을 먹으면서 이상해지는 횟수는 줄었다. 그렇다고 완전히 예전처럼 돌아간 것은 아니다. 특히 신경을 많이 쓰면 쓸수록 기억하지 못하는 시간이 생기는 것 같았다. 나는 아무렇지 않은데 남들은 걱정이 태산이다. 그렇게 삶의 시계추는 흘러갔다.

"이제 학교 그만 다닐래!"

"왜?"

"그냥 기술 배우고, 배불리 먹고, 가난하지 않기 위해 지금부터 일을 하고 싶어."

"공부해야 더 부자가 될 수 있어!"

중학교 2학년인 큰아들이 학교에 안 가겠다고 한다. 학교에서 싸운 것 같다. 그러나 자세한 내용은 말하지 않는다. 아마도 나의 기억하지 못하는 병, 가난한 살림으로 인해 납부하지 못한 육성회비, 괴롭히던 아이들 등등 모든 것이 학교와 등을 지고 반대로 사회에 나가고 싶게 만든 단초가 되었을 듯하다.

일주일을 말렸다. 그래도 소용이 없었다. 결국 학교에 가서 자퇴서를 제출하였다. 큰아들이 학교가 아닌 사회를 선택한 것도 모두 행복하고 싶다는 마음이 담겨서일 것이다. 그 이후로 애들 아빠는 돈을 벌기 위해 사우디아라비아로 떠났다. 막내가 네 살 무렵 떠나서 여섯 살에 한국에 돌아왔고, 또 여섯 달 정도 머물다가 다시 중동으로 사우디아라비아로 일하러 떠났다.

"여보, 건강해야 돼요."

"알았어. 애들 잘 키우고 있고, 일 열심히 하고 돌아올게."

"흑흑흑."

"잘 있어. 시간은 금방 흘러갈 꺼야!"

김포공항에서 애들 아빠를 두 번째 보내는 날은 정말 슬펐다. 붙어 있으면 그렇게 싸울거리만 찾더니 막상 한동안 얼굴을 볼 수 없다고 하니 왜 그리 남편이 좋고, 또 보고 싶은지. 흐르는 것은 눈물이었고, 손수건은 내 그리움만큼 젖어들었다.

그 시절은 외국으로 돈을 벌기 위해 떠나는 노동자가 많았다. 우리 애 아빠는 미장 기술자로 총 사 년여 동안 사우디에서 머물렀다. 목수 기술자인 옆집 상철네는 사 년 정도 쿠웨이트에서 일을 했다.

그렇게 남편이 머나먼 이국땅에서 일을 하고 돌아왔다. 길고도 짧은 시간 동안 아끼고 아끼며 살았다. 뉴스를 보면 춤바람 난 여자도 있었고, 남편이 보내 준 돈으로 도망을 간 여자도 있었지만 난 그래도 우리 가족이 최우선이었다. 티끌 모아 태산이라는 말처럼 한 푼 두 푼 모인 돈이 어느새 집을 장만할 수 있는 돈이 되었다.

'땅, 땅, 땅.'

우리 남편 이름 석 자가 새겨져 있는 문패를 달았다. 얼마나 뿌듯한 광경인가.

"이용석, 이름 멋있지?"

"호호호, 그러게요."

드디어 우리 집을 마련했다. 큰 집은 아니지만 방은 총 두 칸이고, 다락방도 있다. 작지만 마당과 장독대도 있어 좋다. 이제 주인집 눈치 안 보고 살아도 된다는 안도감이 몰려왔다.

중학교를 중퇴한 큰 녀석은 이곳저곳에서 일을 했다. 쥐포 노점도 운영했고, 철공소에서 일하기도 했다. 결국에는 연탄가게에서 배달 일을 했다. 배운 것이 없으면 몸을 놀려야 밥을 먹고 살 수 있었다. 연탄 배달이 좋은지 큰아들의 권유로 연탄 가게를 인수했다. 거기에 애들 아빠가 어디서 들었는지 가게 한켠에다 메탄올렌지 대리점도 차렸다. 또 약 지렁이라고 해서 일본으로 수출하는 지렁이 농장도 운영했다. 이제 잘만 되면 우리 집도 이제 떵떵거리고 살 수 있다고 생각하니 지난 세월의 고생이 씻겨 가는 듯했다.

제일 먼저 우리 가정에 폭탄으로 날아온 것은 메탄올렌지였다. 석유곤로처럼 액체이면서도 가스렌지와 같이 안정적인 불을 제공하였지만 사람들은 관심이 없었다. 신문광고도 하고, 입소문도 내 보았지만 사람들은 냉담

하였다.

설상가상이라고 약 지렁이 농장에서 전화가 걸려왔다. 당시 돈으로 2천여 만 원을 투자했던 약 지렁이가 모두 죽었다는 것이다. 돈을 빌려 주었던 사람들에게서 빚 독촉이 시작되었다. 어렵게 마련한 우리 집은 신기루처럼 사라졌다. 어떻게 마련한 집인데…….

생각하면 할수록 헉! 헉! 헉! 숨이 막혀 왔다. 남편이 원수처럼 느껴졌다. 그리고 남편은 지렁이 사업은 처가 식구들 때문에 시작한 것이라며 짜증을 냈다. 서로가 원수가 된 것이다. 그렇게 그 행복도 메마른 사막의 신기루처럼 얼마 가지 않아 사라졌다. 이제 더 이상 우리 집이 아닌 건물. 그 집을 생각한다고 돌아오는 것도 아닌 법. 또 하나의 체념을 쓰린 속을 달래며 배웠다.

그 이후로 한동안 잠잠했다. 전셋집이기에 옛 우리 집이 생각날 수도 있지만, 월세가 아닌 게 얼마나 다행인가? 또 월세면 어떠하랴. 길거리에서 잠자는 것도 아닌데. 또 길거리면 어떠하랴. 같은 가족이 함께하고 있다는 것에…… 생각하기 나름이지만 만족하면 그만인 것을…….

그렇게 위로 했다. 밤잠을 설칠 것 같아서 포기할 것은 포기하고 살자고. 그런 마음을 곱씹어도 몸은 거짓말을 하지 않았다. 자꾸 나만 모르는 병이 도졌다. 또 사람들은 내가 이상해져 간다며 걱정이다.

큰아들의 방황을 멈추고자 애들 아빠가 병무청을 다녀와서 군에 입대를 시켰다. 아이들은 모두 자기 할 노릇 잘 하고 살았다. 큰딸은 그래도 우리나라에서 제일 좋다는 상업고등학교에 진학하여, 좋은 회사에도 가고 집의 큰 힘이 되었다. 작은딸도 언니를 따라서 학교 간다고 같은 학교에 입학했다. 문제는 늘 아들 녀석들이었다.

제법 좋은 고등학교에 진학했던 둘째 녀석이 2학년에 들어서면서 집에도 잘 안 들어온다. 작은딸이 큰딸을 따라 학교를 진학했듯, 둘째 녀석도 큰 녀석이 그렇게 중학교를 그만둔 것처럼, 결국 학업을 그만두었다. 자기 삶이고 자기가 선택한 것이니 뭐라 할 수도 없는 노릇이다. 엄마로서 말리고 말려 보았지만 소용도 없다. 나중에 후회하지 않기만을 바랐다. 그렇게 시간이 흘렀다.

아시안게임을 얼마 두지 않은 1985년부터 큰 녀석이 술을 먹으면 입에 달고 사는 말이 있었다.

"엄마, 우리 죽어요!"

그 말에 나는 항상 밑 동생들을 가슴에 안고 대꾸를 해야 했다.

"죽기는 왜 죽어? 열심히 살면 언젠가는 좋은 날도 오겠지. 안 그려?"

"안 와요. 지금까지 살아 보니까. 행복은 부자들에게만 있는 것 같아요."

"왜 그렇게 생각해. 돈이 세상에 전부는 아니야. 없으면 조금 불편할 뿐이지. 우리가 밥을 굶는 것도 아니고 말이다."

"같이 죽기 싫어요? 그럼 나 혼자 죽을까?"

"……."

애들 아빠는 방 한 칸 집이 좁다고 건재상 가게의 방에서 잠을 자다 보니 나 혼자 큰아들의 술주정을 말리는 것이 벅찼다. 또 동생들도 있었지만 어려서부터 하도 큰 녀석으로부터 분풀이의 매질을 당한지라 큰 녀석은 그저 두려움의 대상이었다. 그렇게 며칠이 흐르는 동안 큰 녀석의 죽겠다는 말은 몇 번이고 반복되었다.

하지만 오늘은 무언가 다르다. 술은 여전히 취한 것 같은데 눈에는 독기가 있다. 죽자고 몇 번을 말한다. 가족 모두 함께 죽자고 말한다. 중학생인 막내 녀석이 무서운지 내 품 안으로 파고 들어온다. 큰 녀석이 말이 통하지 않는다며 세상의 모든 것이 불만인 표정으로 투덜거리며 나간다. 막내가 큰형이 걱정스러웠던지 방금 전 두려움의 눈을 뒤로한 채 따라 나간다. 밖이 시끄럽다. 그러고는 '쿠당탕탕' 온 집의 살림이 망가지는 소리가 들린다.

"앗 뜨거워!"

사람의 비명 소리에 놀라 마당으로 나오니 큰 녀석의 온몸에 불이 붙어 있다. 형을 뒤따라 나갔던 막내는 얼어붙은 자세로 엉엉 울고 있다. 큰 녀석이 불붙은 몸을 이끌고 대문을 지나 계단을 굴러 동네 골목에서 뜨겁다며 뒹굴고 있다. 순식간에 일어난 일이다. 그 소리에 큰딸이 담요를 들고서는 오빠의 몸을 덮고 불을 껐다.

모든 동네 사람들이 나왔다. 아직 남아 있는 잔불을 끄는 데 도움을 주었다. 그러고는 앰뷸런스를 불러야 한다, 경찰을 불러야 한다고 난리다. 파출소가 집 인근에 있어 경찰은 얼마 지나지 않아 현장에 나타났다.

불이 꺼진 몸에 담요를 두르고, 큰아들을 부축하여 파출소로 장소를 옮겼다. 큰아들은 정신이 없는지 아프다는 말도 못하고 있다. 파출소 안의 긴 나무의자에 앉혀 놓았다. 경찰이 큰 녀석 몸에 불이 붙은 자초지종을 물어 보는데 그 전까지 상황은 설명할 수 있었지만 불이 붙는 상황은 설명할 수 없었다. 막내아들과 눈이 부딪쳤다. 엉엉 울음이 가득했던 입술이 움찔 움직였다.

"그러니까 형이요…… 제가 방에서 나가는 것을 뒤따라 나와서 마루에서 지켜보고 있는데요…… 엉엉엉."

"말해 봐. 겁먹지 말고 말하라고."

경찰이 조금은 다독이면서도 알고 싶은 것을 위해 막내아들을 채근하였다.

"근데요…… 형이 그러니까 형이 부엌으로 들어갔어요…… 그러고는 석유곤로에 석유 넣는 구멍이 있잖아요. 거기를 열더니 갑자기 곤로를 뒤집어서 석유가 형 머리 위로 떨어졌어요…… 엉엉엉. 그래서 형 몸이 석유로 다 젖으니까, 성냥으로……."

그렇게 사건의 순간들이 나열되어 전해졌다. '그래도 잘 살겠지.' 했던 내 생각이 꼴좋게 부서졌다. 화상전문 병원으로 옮겨진 아들이 그다음 날에는 몸이 얼마나 불어날 수 있는 보여 줄 요량으로 최대한 부어 오른 몸을 보여 주었다. 몸이 까맣게 탄 녀석도 문제이지만 그것을 여과없이 바라보아야 했던 막내도 걱정이다. 막내가 병원에 와서 형을 앞에다 두고도 찾는다.

"엄마, 형은 어딨어?"

"여기, 형 있어."

"막내 왔어?"

형의 얼굴이 아니라는 듯 막내가 돌아선다. 그리고 맞냐는 듯 얼굴을 가까이 대고 바라본다. 큰 녀석은 지 동생들 중 그래도 막둥이라고 귀여워했다. 아프냐는 질문에 괜찮다고 답변을 한다. 막내가 중환자실을 나가고 나니 아파서 죽겠다고 성화다. 그러고는 살고 싶다며, 소리를 고래고래 지른다.

'그러게. 조금만 참았으면…… 죽고 싶었던 한순간만 참았으면…… 나도 예전 한강에 뛰어내릴 때 그랬던 어리석음처럼…… 너도 그 짧은 고민을 한번만 더 했으면…… 좋았을 것을……."

내가 해 줄 수 있는 것은 퉁퉁 부어오른 손을 잡아 주는 것뿐이었다. 그나마 엄마로서의 온기를 전해 주고 싶었지만 칭칭 감겨 있는 붕대는 그 작은 마음마저 가로막았다.

일주일이 지났다. 아들이 숨을 쉬지 않는다. 그렇게 증오하던 세상을 이제 등지고 하늘로 올라갔다.

"현석아! 현석아! 엉엉엉."

"그만 울어. 당신은 눈물이라도 흘리지만 난 피눈물을 속으로 삼키고 있다고……."

큰아들이 죽었다는 소식에 애 아빠가 한걸음에 왔다. 그러고는 장례 준비를 하며 울음을 멈추라고 엄포를 놓는다. 그다음 날 큰아들의 친구들이 관을 동여메고, 벽제 화장터로 향했다. 몇 시간이 흘렀을까 덩치 좋던 아들 녀석의 몸이 한 줌의 재로 다시 내게 돌아왔다.

'아무리 밉더라도, 아무리 슬프더라도 그래도 내 곁에 있어야지.'

아들을 보내고 돌아오는 영구차 안에서 가슴에 큰아들을 묻기로 했다. 처음 얻은 아들을 황망하게 보내고 나니 할 말이 없다. 아니 할 말을 못하겠다. 그저 가슴을 치며 '내 탓이오. 내 탓이오.' 할 수 있는 게 전부이다. 또 그저 그렇게 시간은 흘렀다.

시간이 흐르니 아들 녀석에 대한 그리움, 아쉬움, 안타까움도 조금은 무뎌진 듯하다. 같은 보고 싶음이긴 하나, '좋은 곳에 있겠지.' 라는 믿음이 생겼다. 그리고 지금 있는 아이들을 잘 지켜야지 하는 오기가 생겼다.

두 딸은 학교를 졸업하고, 둘 다 좋은 직장에 다녔다. 큰딸은 그렇게 대학교가 가고 싶다고 중학교 때부터 아버지를 졸랐었는데, 상고를 졸업하고 직장을 다니더니 그런 투정도 없어졌다. 두 딸은 늘 성실함으로 살았고, 또 몇 년이 흘러 가정도 꾸렸다. 어떨결에 장남이 되어버린 둘째 아들도 검정고시를 통해 고등학교를 졸업했다. 그리고 결혼도 하고, 두 딸의 아빠가 되었다. 그렇게 변했지만 여전히 속을 썩이고 있다.

막내도 큰형이 죽은 후 한동안 방황을 하더니 다시 학교로 돌아가 고등학교에 진학했다. 공부를 잘하는 것은 아니지만 탈 없이 자라는 듯했다. 애들 아빠와 성격 다툼만 없다면, 또 다른 여자와 바람만 나지 않는다면 평범하지만 나쁘지는 않은 그저 그런 삶 같았다. 그런 평범한 일상의 연속에서 두 번째 우리 집이 마련되었다. 예전 집보다 더 작고, 볼품은 없는 무허가 집이었지만 이사 걱정 없이 살 수 있다는 것에 표현하지 못할 만큼의 편안함이 가득했다.

휴일 오후. 해는 서산으로 뉘엿뉘엿 사라지고, 어둠이 하늘을 가득 메웠다. 친구를 만나러 간다고 했던 막내도 일이 있다며 나간 남편도 연락이 없다. 일이 없으면 휴일이 되는 사람이기에 오늘처럼 일이 있다는 것에 늘 감사할 뿐이다. 또한 방황하지 않고 학교생활에 열심인 막내도 그저 고마울 따름이다.

'때르르릉, 때르르릉, 때르르릉—.'

휴일 늦은 오후의 적막을 요란스럽게 전화벨이 무너뜨렸다.

"여보세요?"

"네, 거기 경진이네입니까?"

"맞는데요. 누구신지요?"

"여기는 병원입니다. 지금 아드님이 다쳐서 병원에 와 있는데요. 보호자께서 오셔야 할 것 같아서요."

"우리 경진이가 많이 다쳤나요?"

"아니요, 그렇지는 않구요. 우선 보호자가 오셔야 되니까, 빨리 와 주세요."

"그래요? 거기가 어디입니까?"

병원의 위치를 물어본 후 옷을 주섬주섬 입었다. 버스를 타고 병원을 향했다. 다쳤다고 하지만 뭐 크게 다쳤을까. 막내는 초등학생 무렵에도 교통사고가 크게 났었지만 외상은 없고 치료만 받아야 했던 나쁜 일은 항상 비껴가는 행운이 있는 녀석이었다. 그래도 다쳤다고 하니 버스 창밖으로 보이는 풍경들이 눈에 들어오지도 않는다.

병원 입구에서 응급실까지 오르는 길이 참 멀다. 길옆으로는 벚꽃나무들이 울창하게 자리하고 있다. 벚꽃나무에서는 봄의 소식을 전하려는 듯 꽃을 피우기 위한 준비가 한창이다. 이윽고 응급실에 도착하여 문을 열고 들어갔다. 종합병원 응급실이라 그런지 아픈 사람이 참 많다. 내가 전농동에 있는 그 교회에서 진료를 받던 그날처럼.

"저기요. 제가 경진이 엄마인데요."

피가 흥건히 젖은 거즈를 손에 들고 지나가던 간호사를 붙잡고 물었다. 간호사의 눈에는 내가 들어가 있지는 않았지만, 기다려 왔다는 표정이 역력한 것 같다. 그러나 바쁜 듯 바로 등을 보이며, 걸어갔다.

"잠시만요."

시간이 조금 흐른 후 나를 거론하는 목소리가 들렸다. 이윽고 온몸에 피가 묻은 의사 선생님이 나오셨다. 한숨 돌렸다는 듯 긴 한숨을 몰아쉬었다.

"이제 오셨군요. 많이 놀라셨죠? 이리로 오시지요."

응급실 커튼을 걷자 오늘 아침까지도 건강한 모습이었던 경진이가 누워 있다. 입고 나간 옷은 가위질로 난도질

당해 있고, 응급 침대에는 피가 넘쳐났다. 피는 넘치는데 얼굴도, 몸도 아무 이상이 없어 보인다. 그렇게 머리에서 발끝까지 눈을 이동하는 동안 턱 하고 시선이 멈추었다. 다리에서 피가 넘치듯 흘렀다. 아니 한쪽 다리가 잘려나가 있다는 표현이 맞다.

"어떻게……."

마음이 조급해졌다. 방금 전까지 버스를 타고 온 것이 마음에 걸렸다. 아팠을 텐데. 나는 그것도 모르고 조금 다쳤으려니 생각하고 천천히 왔으니, 내가 빨리 왔어야 했는데, 마음이 무겁다. 그래도 내가 할 수 있는 것은 없다. 또 남편을 기다려야 한다. 막내는 또 버텨야 한다.

정신이 없는 듯 축 쳐진 얼굴, 창백한 얼굴로 응급침대에 막내가 누워 있다. 내가 곁에 있는 줄도 모르고 있다. 눈은 뜨고 있는데 초점은 없고, 뭐라고 표현할 수 없다. 이윽고 남편이 오고, 딸들이 오고, 사위들이 왔다.

"지금 상태가 심각합니다. 그래서 지금 수술을 해야만 하는데 아무래도 다리를 살리는 것은 어려울 것 같습니다."

"그럼, 다리를 절단해야 한다는 것인가요?"

애 아빠가 다급하게 물었다.

"네, 어쩔 수 없습니다. 지금 피부조직도, 신경도, 그리고 핏줄도 모두 뭉개져 있는 상황입니다."

의사 선생님은 말이 끝나기 무섭게 엑스레이 사진을 보여 주었다. 사진 안에는 현재 막내의 다리 상태가 그대로 보였다. 뼈가 산산조각이 나 있었다. 그리고 그 주위의 살점들은 눈에 보기 처참할 정도로 부서져 있다.

"그래서 어떻게 해야 한다는 것입니까?"

"아마, 지금 상태를 보면 대퇴부 정도를 절단해야 할 것 같습니다."

"그럼, 무릎 위를 말하는 것인가요?"

"네, 그렇습니다. 지금 환자 상태를 보면 대퇴부를 절단하는 것이 최선일 것 같습니다."

"그것은 안 됩니다."

애들 아빠의 말은 단호했고, 그 답변에 의사는 당황한 듯 보였다.

"우선 그럼 가족끼리 상의를 하시지요. 대신 빨리 정해주셔야 합니다. 지금 환자가 피를 너무 많이 흘린 상태라서……."

의사 선생님은 말을 흐리며, 사라졌다. 가족이 모두 상의를 했다. 결론은 무릎은 살려야 한다는 것. 의술에 대한 지식은 부족해도 무릎이 있고 없는 것에 대한 차이는 알고 있었다. 의사 선생님을 찾아뵙고 빌었다. 그래도 안 되면 병원을 옮기자는 의견이 모여졌다.

"제발 우리 아들 무릎은 살려 주세요. 장애인이 되더라도 조금 더 편하게 걸을 수 있게 해 주세요."

"그럼 수술이 복잡해집니다. 대퇴부를 절단하면 지금 바로 수술하고 봉합을 할 수 있지만, 종아리 부분을 절단하면 우선 부어오른 피부가 가라앉기를 기다려야 하고, 또 살점들이 없기 때문에 피부이식 등등……."

"그래도 선생님. 제발 무릎만 살려 주세요."

큰아들을 하늘로 보낸 지 오 년 만에 막내의 한 부분도 하늘로 보내게 되었다. 다만 다행인 것은 막내가 지금의 상황을 받아들이고 있다는 것이다. 노래를 좋아하던 녀석이 기타를 칠 수 있는 두 손만 있으면 괜찮다고 한다. 병원에서 일 년. 그렇게 막내는 장애인이 되었다. 뛰지 못하는 것, 그 좋아하던 수영을 이제는 마음껏 할 수 없다는 것. 그런 일상생활의 불편함만 빼고는 달라진 것은 없다.

다만 그 일상의 불편함을 넘어서는 큰 고통이 있는 날은 보기가 너무 안쓰럽다. 다치지 않은 사람이 보기에는 조그만 상처이더라도 다친 부위에 생채기가 나면 한발 한발 땅을 딛을 때마다 고통이란다. 내가 직접 겪어 볼 수는 없지만 막내 말을 빌리면 깨진 유리병이 가득한 바닥을 맨발로 즈려밟는 고통이란다. 그럴 때면 어김없이 나는 혀끝을 차고 만다. 막내가 딱하다는 생각에 마음이 저려온다. 그런데도 웃는다. 아픈 것도 즐기다 보니 재미가 있단다. 그러면서 주섬주섬 옷을 입고 가족들에게 인사를 하며 출근한다. 그 막내가 이제는 우리 집 기둥이다.

아픔과 고통, 그리고 작은 웃음. 소소한 일상이다. 세월이 변한만큼 나는 주름이 늘었고, 막내아들도 새치머리가 히끗히끗 보인다. 손주들은 재롱을 피우고, 작은 일로 싸움도 하는 그런 평범한 오늘의 연속이다.

"엄마, 괜찮아?"

회사에 있어야 할 막내가 내 앞에 있다. 그리고 주변에 많은 사람들이 있다. 나는 기억이 없다. 아마 내 핸드폰 1번을 눌러서 누군가 막내를 불렀나 보다. 숨기고 싶지만 숨길 수 없고, 도망치고 싶지만 도망칠 수도 없다. 오늘도 2007년 봄의 그날처럼 기억을 또 잃어버렸다.

나에게는 세월의 흔적이 허리에 쌓여 있다. 하늘 보기

가 부끄러운 탓일까? 등이 굽다 보니 땅을 보고 걷는 것이 편하다. 그러다 보니 싱크대 위의 가스렌지보다 방바닥에 휴대용 가스렌지를 놓고 음식을 하는 게 편하다. 고추와 마늘을 송송 썰어서 된장찌개를 끓여야겠다고 마음을 먹었다. 휴대용 가스렌지 위에 작은 냄비를 올려놓고 불을 켰다. 그러고는 기억이 없다. 언제 들어왔는지 밖에 일을 보러 나갔던 남편이 옆에서 난리가 났다. 나중에 보니 옷에 불이 붙어 타 버린 것을 알았다. 그런데 그 순간의 기억이 없다. 기억이 없다 보니 아프지도 않다.

'아아, 쓰리고 뜨겁고 아프다.'

이제 기억이 돌아왔나 보다. 옆구리가 쓰리고 등 쪽이 아프다. 남편이 불을 꺼서 그나마 집에 불이 옮겨 붙지 않았다. 약국에서 화상용 약을 사다가 발랐는데 두 개를 썼는데도 상처 부위가 커서 부족하다. 남편이 전화를 건다. 자식들에게 전화를 하는 눈치다.

택시를 타고 막내 집으로 향했다. 상처 부위를 본 막내가 성화다. 급하게 병원으로 향했다. 상처 부위가 꽤 넓다. 그러게 몇 분 동안 옷에 불이 붙어서 타들어 갔는데 그 흔적이 작을 수는 없겠지. 의사는 진피가 어떻고 저쩌고 한다. 일부는 3도 화상, 그리고 일부는 2도 화상. 병원에 입원해야 한다고 한다. 그렇게 화상전문병원에 입원했다.

불에 익어 버린 살에 새로운 피부가 오르기를 기다렸지만 결국 죽었다고 한다. 6개월이 지나서 피부이식 수술을 했다. 이제 더 이상 음식을 직접 해 먹지 말라고 한다. 어찌해야 할지 모르겠다. 사람 속을 그렇게 힘들게 하던 남편이 이제는 보호자가 되어 음식 수발도 한다. 그러면서도 사람 속을 또 뒤집는다. 참 습관이라는 것은 무서운 것이다.

이렇게 내가 자꾸 지금 순간을 잃어버리는 병. 그 무서운 병이 나를 잠식해 들어온다. 조심한다고 해도 소용없는 이 병. 참 두렵기도 하지만 그래도 기억이 없다.

오랜 치료 끝에 나는 다시 일상으로 돌아왔다. 남편과 나 이렇게 단둘이 살았다. 일주일에 한 번 또는 한 달에 한 번 꼴로 자식들이 오거나, 우리가 자식들 집을 찾아갔다.

2008년 겨울. 10년 만에 제일로 춥다던 그날 새벽. 모아 둔 종이가 있다며 동네 인쇄소 경비의 전화를 받고 나갔던 남편의 얼굴을 끝으로 남편은 짧은 여행을 끝내고 하늘나라로 떠났다. 남편이 하늘로 떠나기 한 달 전 뜬금없이 말했다. "내가 죽거든 막내랑 살라고." 그래서겠지. 지금은 막내 집에서 살고 있다.

요즘 들어 자꾸 막내가 "사랑하냐?" 고 묻는다. 그러고는 손주들에게도 그리고 딸들에게도 사랑한다고 말해주라고 한다. 꼭 말로 표현을 해야 할까? 사랑한다는 말이 낯간지러워 나는 못하겠다. 그런 나에게 막내는 또 묻는다.

"엄마는 사시는 게 행복해요?"

"그걸, 왜 물어?"

"아니, 행복한지 알고 싶어서."

"그저, 그렇지 뭐."

참 이제와 생각하면 '삶이 참 짧다.' 고 느껴진다. 그 짧은 인생에 다양하고 많은 조각을 새겨 놓은 것 같다. 방울방울 눈물을 새겨 놓기도 했고, 삐죽삐죽 아픔의 자국을 남기기도 했다. 또한 송알송알 웃음의 그림도 여백을 채웠던 것 같다. 좋은 것을 보자고 하면 좋은 것이 보일 것이고, 나쁜 것을 보자면 나쁜 것만 보일 것이다. 아들의 질문처럼 나는 행복한가? 아님 행복했던가?

한편으로 기울어 살 수는 없는 노릇. 나는 그래서 항상 '그저, 그렇지 뭐.' 로 답변한다. 죽을 것 같아서, 죽어야만 할 것 같아서, 죽을 정도로 마음이 아팠던 삶의 기억들. 자식들이, 편편이, 또는 이웃의 그 누구가 나를 아프게 했던 것 같은데…… 이제와 생각해 보니 내가 나를 슬프게 했다.

막내아들이 또 묻는다.

"엄마, 진짜 행복해?"

"그저, 그렇지 뭐."

이제야 나의 말을 알아들었나 보다.

"흐흐흐. 엄마 행복하구나? 행복하셔!"

그래. 사람이 살아가는데 뭐 특별한 것이 있을까? 다 그렇고 그런 거지 뭐. 좋은 일이 있으면 나쁜 일이 있고, 나쁜 일이 있으면 좋은 일도 있는 것이지. 큰 녀석은 자살로 먼저 하늘로 보내고, 막내 녀석은 사고로 장애인이 되어 버리고, 남편은 그 추운 날 길거리에서 하늘로 떠나갔는데, 참으로 우스운 것이 나는 다 그게 내 삶이라고 받아들여지니 참 그저 그렇다.

지금 이 순간도 기억을 잃어버린 것일까? 의사의 처방처럼 내가 기억을 잃어버리는 것은 간질장애라고 하는데, 이 병을 아니 간질장애에서 벗어나고자 한다면 하나의 소뇌를 제거해야 한다고 하는데…… 두 개의 소뇌 중

하나를 제거하면 지금까지의 기억을 모두 잃어버릴 것이고, 다른 하나를 제거하면 암산 능력을 잃어버릴 것이라고 하는데…….

내가 지금까지 기억하지 못한 이유를 모를 때와 명확하게 알게 된 지금 변한 것은 없는데, 정확한 병명을 알면 고칠 수 있다고 생각했는데, 알고서도 선뜻 선택할 수 없으니…….

삶은 내가 생각하는 의도와 다르게 흘러갈 수도 있는 법. 행복? 그것은 원한다고 오는 것도 가란다고 가는 것도 아닌 그저 그런 것.

오늘도 막내가 묻는다.

"엄마, 엄마는 사는 게 행복해?"

나는 항상 같은 말로 대답한다.

"그저, 그렇지 뭐!"

기다림, 그 끝자락에서 나를 만나다

"넌, 그거밖에 안 되니?"

"왜요. 제가 잘못한 것이 있나요?"

"이놈아. 선생님 말씀에 말대꾸를 꼬박꼬박 하면 나쁜 어린이인 거야?"

"죄송해요. 그런데 저는 지금 이 상황을 어떻게 받아들여야 할까 해서요."

자꾸만 눈물이 나오려고 한다. 그럼에도 울컥울컥 나오려는 눈물을 꾹꾹 참는다. 그래 참아야 한다. 선생님께 질 수 없다. 참 이상하게 꼬여 있는 관계. 선생님은 강자이다. 또 어찌하면 옳은 말씀일지도 모른다. 그래도 이해가 되지 않는다. 내게 왜? 도대체 왜 그러실까.

"선생님 죄송한데요. 저는 체육시간에 좀 힘든 수업은 빠졌으면 좋겠어요."

"그게 더 안 좋은 거야. 힘들수록 체력을 단련해야 건강해지지. 그리고 무엇보다 그 힘듦을 이겨 내야 하는 거라고. 다 선생님이 알아서 너에게 말을 하는 건데……."

"선생님, 너무 힘들어요."

"괜찮다니까."

오기가 발동한다. 나는 아니라고 말하는데 선생님은 맞는 것이라며, 내 생각을 들어주지 않으신다. 이렇게 선생님과 실랑이를 벌인지가 조금 더 있으면 일 년이다. 내가 틀릴 수도 있다. 그럼에도 나는 시간이 흐를수록 선생님의 행동들에 확신이 가고 있다. 그래, 나는 선생님이 나에게 왜 이러시는지 알고 있다. 질 수 없다. 내가 당뇨에 걸렸다는 것을 선생님도 알고 계신다. 그런데도 그러신다. 선생님이니까 말씀을 따를 수밖에 없었다.

'난 이길 거야. 선생님한테 굴복하지 않을 거야. 그래 난 버틸 수 있어!'

마음속으로 이러한 생각을 얼마나 했는지 모른다. 그런데 왜, 나의 당뇨가 선생님의 공격 대상이 되어야만 하는지는 좀 의문이다. 3학년이 되면서 늘어난 특별한 대우. 선생님의 특별한 사랑. 그런 일상적이지 않은 특별함 때문에 점점 힘이 들었다.

"엄마, 아파."

"어디가?"

"온몸이 부서지는 것 같아. 흑흑흑."

"어떡하지? 학교에 갈 수 있겠어?"

"일어나지도 못하겠는걸."

이른 아침. 갑작스럽게 날아든 비보처럼 온몸의 신경이 통증을 향하고 있다. 결국 학교를 가지 못하고 결석하였고, 다음 날 학교에 출석하였다.

"친구들, 안녕!"

반가운 목소리로 교실에 들어섰는데 모두들 나를 외면하고 있다. 어색한 표정을 애써 감추며 자리에 앉았다. 나의 단짝 영숙이와 진희도. 그 두 녀석도 나를 모른 척한다. 왜 그랬을까? 묻고도 싶었지만 지레짐작으로 '그것 때문일 거야!' 하고 체념하고 말았다. 참 힘든 시간이었다.

아마 선생님은 내가 어머니에게 학교생활이 힘들다고 말하기를 원하셨을 것이다. 그래야 어머니가 선생님을 뵙고자 학교에 오실 것이고, 그럼 어머니는 빈손으로 오는 것이 미안하여 극비리에 아마 촌지를 준비하셨을 터인데, 선생님의 그런 작전이 내게 들켜 버린 것이다. 나는 버텼다. 꿋꿋하게 일 년이라는 시간을 버텨 냈다.

그 기억이 잊혀지지 않는다. 그렇게 나는 세상의 이치를 하나둘 알아가는 시기가 남들보다 조금 빨랐다. 돌처럼 단단해질 수 있는 그래서 조금 더 나를 지킬 수 있는 힘을 기를 수 있었다. 다만 나의 힘듦을 옳지 않은 시각으로 바라보신 선생님이 가엾게 느껴질 뿐이다. 그렇게 일 년이 흐른 후 4학년으로 진학하면서 새로운 선생님을 만나고 관심을 받으며 다시 어리광 많은 수경이로 돌아갈 수 있었다.

내가 특별한 사람으로 대접받기 시작한 것은 여덟 살 무렵이다. 감기에 걸려 며칠을 힘들게 보낸 후 건강이 회복하려는 듯 감기 끝물에 참 목이 많이 말랐다. 목이 마를 때마다 참지 못하고 연신 물을 들이켰다.

"물 좀 그만 먹어!"

"엄마는 물 먹는 것까지 뭐라고 하면 어떡해."

이곳이 사막도 아니고, 살다살다 물 많이 먹는다는 이유로 혼나는 내가 참 웃겼다. 물을 많이 먹다 보니 당연히 소변이 자주 마려웠다. 그런데 어머니의 자식에 대한 애정이라는 레이더망에는 이런 행동이 특별하게 보였다고 한다. 사실 며칠 전 심한 감기로 끙끙 앓은 후였기에 어머니의 관심이 집중되어 있었던 것도 한몫을 했다. 물을 많이 마시는 것과 소변을 자주 보는 그 행동이 특별한 것이라니 참 어의는 없었다.

"수경아, 이리 와."

어머니가 부르신다. 귀여운 여덟 살. 쪼르르 어머니 곁으로 갔다. 어머니의 손에는 날렵하고 길쭉한 하얀 스틱이 들려 있었다. 엄마는 나를 화장실로 데리고 가서 소변을 보게 하셨다. 그리고 그 하얀 스틱에 나의 소변을 묻히셨다. 스틱의 일부분이 순간적으로 짙은 갈색으로 변했다.

어머니는 설명서를 꺼내어 보셨다. 나도 어머니의 어깨너머로 설명서를 훔쳐보았다. 설명서에는 하늘색, 연두색, 초록색, 옅은 밤색, 짙은 밤색 등 총 다섯 가지 색깔이 인쇄되어 있었다.

어머니의 손이 부르르 떨리셨다. 급히 병원으로 가자고 하시며 나를 잡아끄신다. 영문도 모르고 서대문 인근의 종합병원 소아과로 향했다. 의사 선생님과 심각하게 대화를 주고받는다. 그러고는 검사를 해야 한다고 하셨다. 그렇게 병원 이곳저곳에서 검사를 한 후 다시 의사 선생님이 계신 방으로 들어갔다. 그리고 선생님은 안경테를 만지작거리며 어머니에게 말하셨다.

"당뇨가 맞습니다. 소아당뇨입니다."

"정말인가요?"

의자에 앉아 있는 어머니의 어깨가 스르륵 바닥으로 떨어졌다.

"네, 다시 검사한다고 해도 결과는 똑같을 것 같습니다."

그렇게 나는 여덟 살에 소아당뇨라는 진단을 받았다. 그리고 점점 알아야 하는 것들이 많아졌다. 당뇨는 무엇보다 합병증이 무섭다는 말도 그즈음 들어야 했다. 조심해야 할 것은 많았지만 그래도 학교생활은 즐거웠다. 놀기 좋아하고 친구들과 어울리기 좋아하는 나에게 당뇨는 큰 문제로 다가오지 않았다. 그냥 어머니와 의사 선생님이 주고받은 대화에만 그 심각성이 담겨 있을 뿐이다. 그래도 매일매일 주사를 맞아야 한다는 불편함은 감수해야 한다는 것. 그것만 빼고는 말이다.

봄방학을 마치고, 2학년에 진학하는 날 어머니와 함께 등교를 하였다. 나는 교실을 향하고 어머니는 선생님과 교무실로 향하셨다.

"우리 수경이가 당뇨병을 앓고 있어요."

"저런, 아이가 힘들겠군요."

"자기 딴에는 뭐든지 하려고 하지만 그래도 제약이 따를 수밖에 없어요. 그러다 보니 자기가 아프다는 것을 숨기려고 하는 경향도 있구요."

"아, 그랬군요."

"그래서 드리는 말씀인데요. 선생님, 우리 아이가 심한 활동은 좀 자제할 수 있도록 부탁을 드려도 될까요."

"당연히 그래야죠. 알겠습니다, 수경 어머님. 걱정하지 마세요."

"선생님, 감사합니다."

어머니의 부탁 때문일까? 아님 내가 가진 당뇨라는 병 때문일까? 모두들 참 잘해 주었다. 특히 선생님은 당뇨로 인하여 친구들과 관계가 서먹해지지 않도록 세심한 배려를 해 주셨다. 그렇게 친구들과도 잘 어울리고, 참 행복했다. 꼭 당뇨가 나의 행복을 지켜 주는 수호천사처럼 느껴졌다. 그렇게 3학년이 되었다.

당뇨는 병이라고 한다. 백과사전에 의하면 소변으로 포도당이 배출된다고 하여 이름 붙여진 병이라고 소개되고 있다. 이러한 증상이 병으로 명시된 것은 정상인보다 췌장에서 분비되는 인슐린이 모자라거나, 인슐린이 제대로 일을 못하는 상태로 혈당이 지속적으로 높은 상태라고 한다. 특히 당뇨병은 우리나라 경제가 발전하고 생활양식이 서구화됨에 따라 급증하는 추세라고 한다. 우리나라의 당뇨병 유병률이 1970년에는 1% 미만, 1980년대 3%, 1990년대 5~6%, 2000년대 8~10%로 급증하는 추세라고 하니 나와 같은 고통을 받는 사람이 많다는 것이다.

그러니까 한마디로 잘 먹고, 잘 살아서 걸리는 병으로 생각해야 하는 건가? 아무튼 나에게는 참 큰 짐이며, 무엇보다 매일 아침 부족한 인슐린을 몸에 인위적으로 주입해야 하는 불편함을 감수해야 하는 고통이 뒤따랐다.

시간이 흐를수록 당뇨가 삶의 반경을 좁혀 오고 있음을 느낀다. 그것도 친절하게 지금 위치를 알려 주는 엘리베이터의 다정한 안내 멘트처럼 당뇨는 나에게 멀리 가면 안 된다고 멘트를 날리는 것 같다.

"당신의 영역은 딱 거기까지입니다."

당뇨로 인한 매일 아침의 인슐린 주입. 깨끗하게 소독

된 주사기에 바늘을 꽂고, 인슐린이 담긴 병에서 액체를 옮겨야 하는 과정. 그리고 더 힘들어지는 것은 의학 지식도 없지만 가족이라는 죄 아닌 죄로 나에게 주사를 놓아 주어야 했던 가족. 그 가족이 없는 곳. 그곳은 내가 갈 수 없는 영역인 것이다. 혼자서 할 수도 있는 노릇이지만 그 시절 나는 나의 몸에 직접 주사바늘을 놓는다는 것은 참 어려운 결정이었다.

그럼에도 나는 늘 자유를 꿈꾸었다. 철망 없는 감옥. 그 답답함을 벗어나고자 날갯짓을 하였다. 그 부질없는 나의 도전이 어머니와의 단골 싸움이었다.

"가고 싶어."

"안 됩니다."

엄마의 대답은 항상 단호하였다.

"그래도 가고 싶어!"

"가고 싶다고 가면 얼마나 좋겠어. 넌, 주사를 맞아야 해. 때를 놓치면 안 돼. 죽을 수도 있어."

"싫어! 그래도 갈 거야! 가고 싶단 말이야."

잠시의 자유와 영원한 죽음 중 항상 승자는 그래도 살아야 한다는 것. 다만 나를 위로하기 위하여 승자도 패자도 없는 것이라고 믿었음에도 그 시절 나는 항상 패자로 남겨졌다.

그래도 사람이 죽으라는 법은 없나 보다. 의학 기술의 발달은 나에게 두 날개를 만들어 주었다. 이름하여 펜니들! 너무도 당당하고 멋진 이름을 가진 녀석. 그 의학 용품으로 인하여 나는 드디어 여행을 꿈꿀 수 있었다. 사실 의사 선생님이 이제는 본인이 직접 주사를 놓을 줄 알아야 한다는 권유로 시작한 것이지만, 그래도 펜니들이 없었다면 나는 항상 새장 속의 카나리아였을 것이다. 고등학교 3학년. 드디어 엄마의 그늘. 가족의 품을 벗어나 여행을 떠날 수 있었다. 그렇게 대전엑스포로 1박 2일의 짧은 수학여행을 떠났다.

대전으로 향하는 동안 참 신이 났다. 낙엽이 뒹구는 것만 보아도 까르르 웃음이 넘친다는 여고생의 기쁨. 여행의 자유가 이런 것인가! 진작 나의 권리를 찾을 것을…….

주사를 놓는 것에 대한 두려움을 가진 과거가 아쉬움으로 가득했다. 그래도 지난 것을 더 이상 '후회라는 단어에 잡아 두지는 말자.' 고 다짐했다. 그 다짐이 통했는지 앞으로의 기쁨만 보인다. 나는 이제 그 자유로움의 여행을 즐길 것이다. 그렇게 짧은 여행이 막을 내리고 고등학생이라는 신분도 벗었다.

고등학교를 다니며 대학교에 가면 참 하고 싶은 것이 많았다. 특히 특수분장을 배우고 싶었다. 그래서 대학을 가겠다는 신념으로 힘든 몸이지만 체력장 점수도 좋게 받았고, 학업도 충실히 하였다. 제일 큰 문제는 하루하루가 다르게 세상이 뿌옇게 보인다는 것이었다. 백내장이 있어 내게 보이는 세상은 언제나 성애가 잔뜩 끼어 있는 유리창처럼 흐릿하게 자신의 모습을 감추고는 잘 보여주지 않았다.

그렇게 꿈을 모두 이뤄 갈 수 없음을 또 배우며, 스무 살을 맞이하였다. 또 감기다. 그런데 이번 감기는 좀 심하다. 나에게 당뇨라는 진단을 안겨 주었던 감기와는 다른 강력함이 나를 무너트리고 있다. 열은 쉽게 잡히지도 않고, 뼈가 산산이 부서지는 듯한 고통이 나를 쥐어짠다.

'아프다. 정말 아프다.' 스무 살의 기쁨을 누리기도 전, 대학 진학이야 어찌하든 자유를 맛보려는 찰나 감기가 나를 또 괴롭힌다. 지금이 2월이니 세상은 한 해의 푸르름을 준비하느라 바쁜데 나는 그런 자연을 맛볼 여유가 없어진 것이다. 결국 받은 진단은 독감이다. 그래서 그랬나 보다. 예전에 느꼈던 감기의 통증과는 비교할 수 없는 아픔이 말이다.

독감이라고 해도 결국 감기는 감기였다. 감기의 증상이 호전되고 다시 일상으로 돌아오는 듯했다. 그런데 세상의 모든 색, 모든 모양들이 숨바꼭질을 하듯 점점 숨어들었다.

"자, 동공에 약을 넣을 거예요."

"네."

"수경 씨. 약이 들어간 다음에는 조금 더 뿌옇게 보일 수도 있어요."

"네."

"그리고 렌즈를 넣을 것인데요. 조금 거북할 수 있어요."

"네."

의사 선생님이 그렇다는데, 딱히 질문할 것도 없다. 그런데 정말 의사 선생님 말씀처럼 약이 들어간 후 세상은 더 뿌옇게 보인다. 그럼에도 이 치료를 받으면 다시 세상과 인사할 수 있으리라는 믿음을 저버리지는 않았다.

그러나 나중에 그 사실을 알았다. 나에게도 합병증이 시작되었다는 것을. 독감으로 인해 당뇨망막증이라는 당뇨병의 합병증이 발병하였다는 것을, 그래서 망막의 미세혈관이 손상되어 가고 있다는 것을……. 하나둘 혈관의 터짐 속도가 빠르게 진행되고 있음을 말이다.

그것을 말해 줄 수 없어 답답함을 가진 선생님과 그 상황을 모르고 있어 희망을 생각하고 있는 나의 답답함. 결국 좋아질 것이라는 나의 믿음이 꼴좋게 발등에 도끼를 찍은 것이다. 점점 더 깊은 곳으로 숨어 가는 세상과 그 세상을 아직은 잡고 싶어 팔을 내밀고 있는 나. 그 사이에는 참 많은 아픔과 눈물이 스며들어 가고 있었다.

남들이 "꽃다운 나이가 바로 스무 살이야!" 라고 말하면 한마디 욕이라도 시원하게 해 주고 싶었다. 그건 당신의 이야기일 뿐, 나와는 상관없는 일이라고. 누구 놀리는 것이냐고 악다구니를 벌이고 싶었다.

치료가 신통치 않은 것일까? 왜 세상의 숨는 속도가 느껴질까? 자꾸 거기에만 집착하게 된다. 집착하면 할수록 괴로움의 아픔은 더욱 옥죄어 왔다. 그 옥죄어 오는 만큼 시력은 더욱 나빠지고 있었다. 어제보다 오늘이 더 침침했고, 보이는 것이 당연함에서 감사함으로 변하였다. 그렇게 급가속을 시작한 시력의 액셀은 발을 떼어 놓지 않았다.

스무 살. 그 일 년 동안 세상의 모든 이미지를 머리에 가슴에 저장하고자 바쁘게 눈으로 세상과 소통했다. 조금이라도 더 보일 때 그 모양이며, 색깔이며, 나의 느낌 등 있는 그대로 잘 보관할 수 있도록 노력했다. 그래도 보임이 있어 그 모양을 추정하고 느낄 수 있음에도 감사함을 드렸다. 그렇게 완벽하지는 않아도 흐릿한 세상과 오래 소통하는 것이 내 계획이다.

그러나 계획은 계획일 뿐이다. 삶이라는 녀석이 호락호락하게 나를 두지 않을 것이라는 예상을 했던 것도 사실이다. 예상 적중. 오른쪽 눈에 무언가 이물질이 들어간 듯 아프다. 이 통증은 내가 가진 정말 주관적인 고통일 수 있다. 그래도 아프다. 정말 아프다.

"선생님, 눈에 가시가 들어간 듯해요."

"어디 봅시다."

눈을 뜨고 있기 힘들 정도의 빛이 각막과 망막을 넘어 내 가슴 깊이 들어온다. 눈을 깜빡이라고 하면 깜빡였고, 눈동자를 움직여 보라고 하면 눈동자를 움직였다. 그리고 다 되었다는 말을 듣고 다시 제자리로 돌아왔다.

"음, 녹내장이네요."

"녹내장이요?"

"네, 그렇습니다."

"일단 수술을 해야 할 것 같으니까 간호사하고 일정 조정해서 수술 날짜 잡으시고요. 그 전까지 눈에 무리를 주는 일은 없어야 합니다."

무리? 내게 있어 무리는 자꾸 아프다는 말을 들어야 하는 것이다. 앞으로 어떻게 되는 것이지? 어떻게, 어떻게……. 자꾸 마음이 가라앉는다. 그래도 몸은 변함없이 이곳에 있다.

스물하고도 한 살. 녹내장 수술. 그 결과가 어떠하리라는 말은 듣지 못했다. 다시 좋아지기 위한 수순 또는 현재를 지켜 내기 위한 과정이라고 생각했다. 그러면서도 마음 한켠에 '나는 다시 볼 수 있을 거야.'라는 보다 앞선 희망의 끈을 붙잡고 있었던 것도 사실이다.

그런 희망을 놓지 못했기 때문일까? 그 누구도 앞으로 벌어질 일에 대해서는 함구하고 있었다. 결국 모든 것이 마무리되고 결과가 현실이 되어서야 상황을 인지하고 받아들여야 하는 것이 내 몫으로 남았다.

시간이 흐를수록 나의 시선이 주위에서 내게로 옮겨 왔다. 한동안 시력이 더 나빠지기 전에 하나라도 더 봐야 하는 것이 아닌가 싶었는데, 결국 나를 볼 수 없다는 것이 더 마음이 아파 온다. 남들에게 보여지는 나. 그리고 그 보여질 내가 하나라도 더 좋게 보이고 싶어 꾸미고 싶은 나. 그렇게 나만이 홀로 남았다.

암전, 그리고 암전……. 세상의 모든 불빛이 꺼졌다. 이제 내 삶은 적기의 야간공습에 대비하고 그들의 작전수행에 지장을 주기 위해 자기중심의 등화관제가 시작된 것이다. 와! 이제 나도 세상을 볼 수 없는 전맹의 시각장애인이 되었구나! 박수갈채라도 보내야 하는가. 눈물도 나오지 않는다. 그냥 어 · 의 · 없 · 다. 그럼에도 받아들여야 한다.

"아얏."

"수경아 괜찮아?"

"응, 아직 여기까지는 외우지 못한 것 같아."

"조심했어야지."

가족들의 관심이 나에게 집중되어지고 있다. 보이는 시절에는 돌아가면 되는 아주 단순한 것이지만 이제 작은 상자 하나도 걸림의 대상이다. 쿵! 쾅! 이렇게 부딪치며 집안의 구조를 외우고, 세상의 방식을 외우고 있다.

"하나, 둘, 셋, 일곱 발자국만 가면 화장실이지."

문을 열었다.

"뭐야?"

아니다. 왼쪽, 오른쪽에 대한 아직 익숙함이 부족하다. 그래도 머릿속에는 하나의 경험이 쌓였다. 실패라고 하는 순간 낙오자가 되지만 경험이라고 나를 위로하는 순간 개척자가 되어 가고 있다는 느낌을 받았다.

어느 날은 가족에게서 서운함을 느껴야만 하는 사건도 있었다. 목마름에 방에서 나와 냉장고로 향하는 동안 거실에 있던 언니의 목소리가 들렸다.

"나, 여기 있다."

"……."

"왜 이쪽으로 와?"

"나, 물 마시러 가야 돼."

"내가 여기 있다구."

배려라고 해야 할까? 나는 언니가 비켜 주기를 바랐는지 모른다. 보이는 사람이 비켜 주기를 말이다. 조심한다고 했는데 언니와 부딪치고 말았다.

"내가 여기 있다고 하는데 왜 이리로 오냐구."

결국 언니가 버럭 소리를 지른다. 관계는 점점 사이가 벌어지고 있었다. 나는 천덕꾸러기로 바뀐 몸만 큰 조심성 부족한 아이가 된 것이다.

솔직히 언니의 마음, 어머니의 마음이 이해가 안 된 것은 아니다. 나로 인해 언니는 직장을 포기하고 나를 보살펴야 하는 관계가 되었고, 내가 앞을 못 보면서 어머니의 삶의 방식도 변해야 했다. 몸은 커졌지만 자기가 할 수 있는 것은 없어진 딸과 동생. 어쩜 내가 그들이었어도 그렇게 대했을지 모른다.

특히 병원 진료를 꾸준히 다녀야 하는 나를 위해 언니가 어머니가 함께했어야 했고, 시각장애인 혼자 두고서 어디를 간다는 것도 가족에게는 허락되지 않는 행위였다. 장애가 생긴 것은 나인데 어쩜 불편함이 늘어난 것은 가족일 수도 있었다.

그럼에도 그 당시에는 서운함 투성이었다. 나는 호랑이가 아닌데, 강하게 키우려고 하지 않아도 되는데, 앞이 보이지 않으니 가족이 배려해 주었으면 좋겠는데. 결국 내 안에 있던 응어리가 터지고 말았다.

"엄마, 왜 나한테 이러는 거야? 내가 얼마나 상처를 받는지 알아?"

그러나 엄마의 답은 단호했다.

"나도 니 년 때문에 상처받아. 그러니까 엄마의 염장이나 지르지마."

호호호. 그러했던 것이다. 상처는 누구 한 명이 주는 것이 아니라 서로가 주고받는 것이었다. 강자가 약자에게만 주는 그런 일방적인 것이 아닌 양방향적인 부분이 있다는 것을 그때에 알았다. 어머니에게 은근히 미안했다.

그럼에도 언니도 마찬가지였다. 어머니와 더불어 가족들은 내게 있어 배려해 주지 않는 원망의 대상이었다. 그러나 언니도 서른다섯에 결혼을 하면서 내 곁은 떠나고 나니 서운함보다 고마움과 그리움이 가슴으로 들어왔다.

또 하나의 바람이 스무 살 무렵에 같이 불고 있었다. 아름다워지는 여인. 오동통한 49킬로그램의 고등학교 여학생이 40킬로그램으로 날씬해졌다. 허리의 곡선이 살아나고 남들 말처럼 젖살이 빠지고 이제 진정한 여성으로 내가 변해 가고 있다.

이 아름다움을 즐길 시간에 병원 진료가 하나 더 늘었다. 그것은 신장내과이다. 이러다 보니 쇼핑을 하듯 나는 병원 진료를 구매하며 다니고 있었다. 각각의 진료를 쇼핑하며 건강을 체크하고, 다음은 어디가 나빠질지. 아니면 나빠지지 않기를 바라며 체크하기에 바빴다.

"수경 씨, 기분 좋아요?"

"네, 요즘은 넘 가벼워진 기분이라서 잘은 보이지 않지만 제가 이뻐지고 있는 것 같아서 좋아요."

"그러게요. 참 날씬해지고 있는데, 날씬하다고 다 좋은 것은 아니니까. 건강한 몸매를 유지하는 것이 더 중요한 것이니까. 항상 신경쓰시구요."

"네."

"그럼 이만 수경 씨는 나가 보시고 어머니와 말씀 나눌 것이 있으니까……."

나는 진료실 앞 탁자에 몸을 기대어, 어머니가 나오기를 기다렸다.

"지금 수경 씨가 날씬해진 것은 젖살이 빠진 것도 있겠지만 신장에 대한 기능에 조금 문제가 생겨서 그런 것입니다."

"……."

의사 선생님의 말씀에 한동안 진료실에는 침묵이 흘렀다. 그 침묵을 깬 것은 의사 선생님이셨다.

"그래서 말인데요."

"네, 어떻게 해야 할까요?"

"갑자기 몸무게가 늘어나는 경우가 있을 것입니다. 그럼 주위 깊게 보시다가 이런 징후가 보이면 병원에 데리고 오십시오. 신장에 이제 무리가 가기 시작했다는 증상이 나타난 것이니까요."

어머니는 더 이상 질문도 못하고 창백한 얼굴로 진료실을 나오셨을 것이다.

스무 살. 나는 눈과 신장. 이 두 가지 기능이 나빠지고 있었던 것이다. '가지 많은 나무에 바람 잘날 없다.' 는 말 때문일까? '운 좋지 않은 사람은 뒤로 자빠져도 코가 깨진다.' 는 말처럼일까? 그런데 그 모든 경우에 왜 내가 해당되어야 하는 것일까 원망뿐이었다.

그날 집안에는 심각한 분위기가 가득했다. 그도 그럴 것이 우리 집에는 특별한 사연이 있었다. 우리 집은 현재 딸이 셋이다. 현재라는 말은 예전에 누군가 더 있었다는 것. 내 바로 손위 언니와 나는 다섯 살 차이이다. 그 사이에 유일한 남자. 우리 오빠가 있었다.

오빠도 나처럼 소아당뇨가 있었다. 훈장처럼 간직해야만 했던 오빠와 나의 당뇨. 그리고 오빠는 합병증으로 신장 투석을 해야만 했다. 결국 신장 투석을 시작한 지 일 년 정도 되었을 무렵 열여덟 살에 하늘로 떠나갔다. 그때 내 나이가 열다섯이다. 오빠를 하늘로 보내는 것은 반려동물을 하늘로 보내는 것과는 달랐다. 눈물을 흘리며 통곡을 하는 것은 같은데 깊이 들어가면 다름이 느껴졌다.

그 슬픔에는 당뇨라는 동질감과 나도 저럴 수 있다는 두려움이 내 안에는 담겨 있었던 것이다.

"엄마, 당뇨수치가 자꾸 떨어지네."

"의사 선생님이 뭐라고 하셨어? 몸 관리 잘하라고 했잖아."

으. 나의 불안을 덜고자 어머니에게 말을 한 것인데, 돌아오는 것은 구박이다. 혈당이 구박처럼 떨어진다. 먹어도 먹어도 떨어진다. 식사를 하면 혈당 수치가 반응을 해서 올라가야 하는데 자꾸만 내려간다. 그럼에도 올라가는 것이 있다. 몸무게의 숫자가 올라간다. 급격하게 올라간다.

오늘 재어 보니 41킬로그램이다. 어제보다 1킬로그램 늘었다. 또 오늘 재어 보니 43킬로그램이다. 어제보다 2킬로그램 늘었다. 딱 열흘만이다. 몸무게가 40킬로그램에서 53킬로그램으로 늘어났다. 그제서야 어머니의 뇌리에 의사 선생님의 말씀이 떠올랐나 보다.

"수경아, 병원 가자."

"또? 싫어. 왜 내가 또 병원에 가야 하냐구."

"자꾸 몸이 불어나니까 다이어트라도 해야 될 것 아니야."

정말 그런 줄 알고 어머니의 손에 이끌려 왕십리에 위치한 종합병원으로 향한다. 그리고 또 진찰이 시작된다.

선생님이 근엄하게 나에게 진단병을 말하신다.

"이제 신장 투석을 준비해야 될 것 같습니다."

"네?"

순간 나의 모든 세포들이 차렷자세로 경직되었다.

"저번에 검사했을 때 신장 기능이 30퍼센트 남아 있었습니다. 그런데 오늘 결과치는 신장 기능이 10퍼센트밖에 안 된다는 결과가 나왔네요."

"……."

어머니도 나도 말을 잃었다. 병실로 돌아와 이불을 덮고 울기 시작했다. 의사 선생님 앞에서는 그 당혹함을 숨겼지만, 이 작은 병실 안에서는 그 어디에서 나의 마음을 숨길 곳이 없었다.

'스무 살. 이제 자유를 누리고 싶었는데, 보이지 않는 것쯤은 괜찮다고 생각했는데…….'

그런 내 마음속의 울림 끝으로 오빠의 모습이 함께 떠오른다. 오빠가 고통받던 그 모습들. 울컥 겁이 난다. 오빠는 혈액 투석을 상당히 두려워했다. 그래서일까. 오빠가 투석을 하고 오는 날이면 위로의 말보다 한 발짝 뒤로 물러서게 되었다. 그리고 속으로 다짐했다.

'비록 오빠처럼 소아당뇨병을 가지고는 있지만 나는

신장을 투석해야 할 만큼 나빠지지는 말아야지. 꼬옥 그렇게 해야지.'

그런 다짐은 어디로 가 버리고 나도 똑같은 상황이란다. 억장이 무너진다. 의사 선생님의 입술에서 그 말이 쏟아져 나오는 순간 죽음에 대한 생각이 떠올랐다. 죽음이 두려운 것은 아니었지만 오빠가 걷던 그 고통의 순간을 나도 맛보아야 한다는 것이 참으로 불편했다.

고통을 맛보기 위해 난생처음 투석실에 입장하였다. 사람들이 눈에 들어온다. 그리고 그 옆에 기계들이 눈에 들어온다. 기계보다 나와 같은 모습으로 누워 있는 사람들이 들어온다. 그렇게 나의 감각기관으로 사람들이 느껴진다. 그리고 연민의 정이 느껴진다.

'저 사람도 나처럼 아파서 왔구나…….'

'저분들도 건강하게 살았으면 좋았을 것을…….'

나와 같은 처지의 사람들이 안타깝다. 그런데 그 옆에 같은 자세로 누워 있는 나도 참 안쓰럽다.

처음 투석을 하는 네 시간 동안 이런저런 생각이 머리를 스치고 지나간다. 그리고 '죽을 준비해야 하나.' 라는 자기 각오가 떠올랐다. 그 당시 투석을 하면 암 생존률보다 낮다고 하였고, 또 투석을 하면 얼마 못산다고 말하던 시기였다. 특히 나는 오빠의 죽음을 목격하지 않았던가?

두 번, 세 번. 투석의 횟수가 늘어나면서 오시는 분들과 말을 나누고, 삶을 나누고, 아픔을 나누며 그들과 나를 이해하고자 노력했다. 특히 투석은 많은 돈이 들었다. 그러다 보니 지속적인 투석은 생활 형편이 어려운 분들에게는 녹녹치 않은 일이었다.

왜 가난한 사람들에게는 병이라는 녀석이 더 많이 찾아가는 걸까. 몸도 아프지만 가난에 찌든 사람들. 그래서 이런저런 이유로 가족들에게서 버림받는 분들 등등. 특히 살림이 어려운 분들은 몸에 안 좋은 것을 드시고, 투석 횟수를 줄이시고, 그러다가도 안 되면 투석을 거르시고 그러다가 하늘나라로 돌아가시고…….

참으로 많은 분들이 내 곁에서 떠나셨다. 다음이라는 기약을 우리는 하지 못했다. 라면으로 끼니를 때우고는 일주일에 세 번을 해야 하는 것을 두 번으로 줄였어야 했던 분. 결혼을 했지만 부부관계가 원만하지 않아 이혼의 아픔까지 겪어야 했던 분. 병원비가 많이 들다 보니 자식들도 돌보지 않고 버림받아 홀로 살아가는 어르신. 그분들을 위해 기도하며 인생이란 무엇인가 곱씹고 곱씹어 생각했다.

투석을 마치고 나면 살아 있다는 것에 대한 감사보다는 힘듦이 다가왔다. 사람마다 차이가 있겠지만 투석이 끝나고 나면 그 힘듦은 말할 수 없을 정도이다. 다른 분의 말을 빌리자면 이틀에 한 번 아기를 출산하는 것과 같은 산고와 같다고 하고, 또 누구는 투석을 하는 네 시간 동안 두 다리가 없어 뛸 수 없음에도 42.195km를 뛰어야만 하는 마라톤과 같다고 한다. 결국 우리는 투석이 끝나는 순간 파김치가 되고 말았다.

나는 투석이 시작되는 순간 죽는다는 것을 알고 있었다. 얼마 살지 못한다는 것도 알고 있었다. 오빠처럼 오래 살지 못하고 일 년 정도면 하늘나라에 가야 할 것이라고 생각했다. 나는 가장 꽃다운 나이에 죽음을 생각해야만 했다. 그러나 천국에 대한 믿음이 있었기에 꼭 죽음이 두려움으로 다가오지만은 않았다.

그럼에도 죽지 않고 삼 년이 흐른 어느 봄날이었다. 투석실의 열린 창 틈으로 봄바람이 들어왔다. 지금 이곳이 대학병원이니 밖에는 그 시기의 열정을 즐기는 내 또래의 청춘들이 그려졌다. 그런데 나는 지금 이 갇혀진 공간에서 무엇을 하고 있는 것인지. 그 시절 절망과 좌절. 이 두 단어가 내가 자주 쓰게 되고 만나는 아주 친숙한 언어였다.

생활 패턴도 바뀌어야만 했다. 내가 원해서 할 수 있는 것이 줄었다. 내가 아닌 가족이 원할 경우에 극장도 갈 수 있고, 쇼핑도, 외식도 할 수 있었다. 내가 가진 선택은 그저 오늘을 사는 것뿐이다. 보이지 않는다는 이유로 또 투석을 받아야 한다는 이유로 무엇보다 어릴 적부터 당뇨를 가지고 있었다는 이유로 '나보다는 누군가의 선택'에 의하여 내가 움직여야 했다. 누군가 동행해 주지 않으면 바로 그 순간이 세상과 단절되어야 하는 시간이었다.

그 오랜 시간 동안 가족과의 갈등은 늘어났다. 멀쩡하다고 믿었던 딸 그리고 동생이 갑자기 앞을 못보고, 피를 걸러 내야 함을 알았을 때 그 절망은 내가 느끼는 그것과 별반 다르지 않았을 것이다. 특히 먼저 하늘나라로 간 오빠에 대한 기억과 힘듦에 대한 사전 경험이 더 그러했을지 모른다.

단념의 관계. 오빠가 하늘나라로 돌아가던 그 순간까지의 과정에 대한 경험. 어쩜 우리 가족에게 있어 나에 대한 계획은 사는 날까지 지켜 주기만 하면 되는 존재였을지도 모르겠다. 그래서 정을 붙이지 않으려고 냉정해지려고 원하지 않는 것을 행해야 하는 가족과 장애로 인한 불편함, 투석으로 인한 고통 등 날카로운 사고를 가진 나와의 갈등은 예고된 것이었다.

시간은 의도하지 않아도 본인의 할 일을 하듯 같은 속도로 흘렀다. 언니도 시집을 가고, 가족들이 하나둘 줄어들었다. 가족의 숫자가 줄어드니 집의 크기가 조금씩 늘어난다. 그럴수록 오빠의 죽음 때문에 오랜 시간 힘들어하는 어머니가 더욱 애처롭게 보인다. 아직도 오빠에 대한 아픔으로 수면제에 의존하여 잠을 주무시는 어머니. 그 어머니가 한없이 불쌍하게 내 가슴으로 들어오셨다.

그런 어머니의 모습을 보며 지난 시간들이 주마등처럼 스쳐 지나갔다. 참 많은 사건 사고 그리고 갈등. 자식을 위한 그 마음. 모두 표현하지 않으셨을 눈물들이 느껴졌다. 어머니의 지친 마음과 모습이 가슴 안에서 그려졌다. 내가 변해야겠다는 용기가 꿈틀거린다.

'내가 할 수 있는 게 무엇일까?' 그런 생각을 하고 나니 하나둘 할 수 있는 일들이 보인다. 먼저 눈에 들어온 것은 아침 식사의 흔적이 고스란히 남아 있는 싱크대였다. 우리 가족의 온기가 남아 있는 듯한 숟가락과 젓가락, 밥그릇, 국그릇 등 다양한 종류의 설거지가 있다. 싱크대를 뒤적여 앞치마를 두르고 손에 잡히는 것들을 씻어 내기 시작했다. 손끝으로 '뽀드득, 뽀드득.' 깨끗해졌다는 말들이 전해진다. 보이지 않지만 내가 할 수 있는 것 한 가지가 생긴 것이다. 성취도 성취이지만 즐거운 마음으로 시작하니 생각지도 못했던 행복이 들어온다.

집안을 둘러보니 잘 정리는 되어 있지만 쌓여 있는 먼지들이 보인다. 벽을 더듬어 청소기를 찾아 전원을 꽂은 다음 이곳저곳에 흡입구를 대고 먼지를 빨아들인다. 기분 좋다. 다만 청소기를 돌리는 시간은 조심스러움까지 더해진다. 청소가 끝나고 나니 걸레질이 하고 싶어진다. 화장실로 향해 걸레를 들고 나와 거실의 구석구석, 방의 구석구석을 닦는다. 지난 시간 동안 나를 옥죄어 오던 슬픔, 좌절 그런 암울한 단어들이 함께 닦여 가는 것 같다.

그렇게 내가 할 수 있는 일. 그 일을 통해 가족에게 기쁨을 줄 수 있는 일. 더 이상 내게 있어 이러한 것들이 일이 아닌 놀이가 되어 즐거움으로 다가온다. 나를 위하는 것은 작은 기쁨이었지만 가족을 위한 것은 행복으로 따뜻하게 다가온다.

비록 눈으로 볼 수 없지만 손으로 귀로 코로 마음으로 나는 세상을 볼 수 있음이 감사하다. 그리고 소통할 수 있는 모든 촉각을 곤두세운다.

소아당뇨를 앓기 시작한 것은 32년. 시력은 불편했지만 전맹의 길을 걸어야 했던 시간 18년. 매주 3회 4시간씩 투석기에 의존하여 피를 정제한 지는 어언 17년…….

이 아픔의 시간 동안 나의 몸에는 참으로 많은 영광의 상처들이 남아 있다. 인슐린 주사 자국. 보이지 않음으로 여기저기 부딪쳐 멍이 들고 상처가 남은 훈장. 살기 위해서 어쩔 수 없이 해야만 하는 투석. 특히 투석은 일주일에 3번. 한 번 시작하면 4시간. 물리적인 기계의 힘에 의존하여 노폐물을 걸러 내기 위한 입구와 출구가 분리되어 꽂혀진 바늘자국. 특히 그 바늘자국은 본인의 위엄을 뽐내듯 참으로 두꺼움의 상흔을 남겼다.

그렇게 지난 삶은 고통의 연속이었다. 한 가지 아픔도 참아 내기 힘든데 저번에는 요놈이 그리고 이번에는 이놈이, 마지막으로 그놈까지 아픔을 느껴야 하다 보니 어느 순간 고통이 친구처럼 느껴진다.

내 삶에서 가장 중요한 것은 어차피 살아가야 하는 방식을 인정하는 것이었을지 모른다. 그렇게 인정하지 않음은 또 새로운 고통을 유발하니까.

그래 지금 나의 콩팥 기능은 제로이다. 사람들은 달다며, 부드럽다며 원하는 만큼 바나나를 먹을 수 있다. 그러나 나는 바나나 한 묶음을 먹는다면 죽거나 응급실에 이송되어 또 고통을 받아야 한다. 콩팥 기능이 제로이기에 특정한 성분을 분해할 능력이 없기 때문에.

지금 이 순간 나는 오늘 하루를 살려고 투석을 하고 있다. 절대로 오래 살려고, 장수를 누리겠다는 욕심으로 투석을 하고 있지 않다. 나에게 허락된 것은 오늘이다. 그리고 또 하루가 허락되기를 간절히 바랄뿐이다.

오늘 나에게 이 시간이 주어짐이 얼마나 감사하고 기쁜 일인가. 오늘이 있다는 것은 참 축복이다. 그것을 아는 것. 이게 내 행복의 시작이다. 그 오늘의 행복을 못 느끼는 사람에게는 이 시간이 지옥일 수 있겠지만 지금 이 순간만큼 내가 열정적으로 대응하고 아파하고 노력하고 즐길 수 있을 때는 없다.

과거는 기억 속에 그리고 사진첩에 있을 수 있지만 지금 내가 그 과거를 어떻게 변화시킬 수는 없다. 미래 또한 기대 속에, 희망 속에 미소를 지을 수 있겠지만 그 미래가 오기까지 오늘이 꼭 필요하다.

이제와 생각하면 의사 선생님이 내게 사실을 말해 주지 못하셨던 것도, 우리 가족이 나에게 매몰차게 대했던 것도 '그래서 그랬구나!' 라고 이해하려고 노력한다. 아니 이해되어 손을 잡고 있다.

행복은 큰 것이라고, 내게서는 너무 멀리 있는 것이라고 생각해서 항상 불행했었는데, 내게 장애가 들어옴으로 체념을 배우고, 할 수 없음과 할 수 있음을 인정하고 나니 마음이 가볍다. 특히 사람들은 건강을 잃으면 행복을 잃는 것이라고 하는데 건강을 잃으니 남들이 보지 못하는 것들이 보인다. 그렇게 그저 오늘 이 하루가 허락됨에 감사함을 느끼니 너무 행복하다.

그런 행복을 느끼는 나. 그래도 나는 세상이 보이지 않는다. 그러나 당신이 보는 햇살을 나는 손끝으로 느낀다. 오늘은 하늘이 참 푸르게 맑은가 보다. 그 하늘에 태양은 노오랗게 불타올라 나의 두 볼을 간지럽히고 있음이 느껴진다.

그 먼 곳이 아닌 내 곁에서 함께 웃어 줄 당신이 있어 참 행복하다. 아님 당신 옆에서 밝게 미소를 지어 줄 수 있는 내가 있어 당신 또한 행복하다. 오늘! 참, 고맙다!

행복의 조건 '나를 찾다'

"사람은 왜 태어나고, 그리고…… 암튼 왜 살아가야 하는지 도통 알 수 없어요. 슬픔이라는 거추장한 액세서리를 걸치고서 말이예요!"

"그러게. 하지만 삶이라는 게, 아니 그 슬픔이라고 말하는 고통이 말이지. 보는 시각에 따라서 다르게 보일 수 있는 거야."

"아무리 다르게 보려고 해도 나는…… 고통이 기쁨으로 변할 수는 없잖아요? 왜 그놈은 나를 괴롭히지 못해서 안달인지 모르겠어요?"

"그 아이들이 어떻게 해 주기를 바라는데?"

"없어졌으면 좋겠어요. 아님 지구에 멸망이 오던가."

“정말. 그러기를 바래? 엄마, 아빠는 그리고 넌 동생이 좋다고 했잖아?”

“그렇기는 한데. 암튼 그놈이 있는 세상은 싫어요. 아님 내가 죽어 버리던가.”

“그렇구나. 어떻게 해야 우리가 이 난관을 극복할 수 있을까?”

매일 내가 만나는 아이들 중 하나인 성훈이. 성훈이와 상담할 때마다 참 생각이 깊은 아이라는 생각이 든다. 다만 그 생각의 깊이가 짓눌린 삶의 무게일 수도 있다는 느낌도 받는다.

“잘 모르겠어요. 엄마가 나를 사랑하셨는지? 정말로 사랑했다면 그렇게 쉽게 나를 버리지는 않았을 텐데! 그래서인지 가끔 속으로지만 엄마에게 쌍욕을 하기도 해요. 그럼 마음이 좀 편안해져요.”

일곱 살에 자기를 버리고 집을 나간 엄마가 한없이 밉다는 근철이. 이 아이도 내가 매일 상담을 진행하고 있는 아이이다.

참으로 눈망울은 선하기 그지없는 학생에게서 이렇게 절망적인 단어가 거침없이 쏟아지는 게 걱정이다. 그러나 그 아픔을 덜어 주고자 계속 질문과 답이 오고 간다.

그리고 그다음 날도 상황은 다르지만 비슷한 내용으로 상담을 시작한다.

나는 이처럼 상처가 많고 슬픔의 눈물이 마르는 날이 없는 사람들과 대화를 통해 삶의 활력을 찾아 주고자 노력하는 상담사이다. 생각하기 나름이지만 본인이 상담을 희망하는 사람 중 행복한 사람이 오는 경우는 적기에…….

사람들의 슬픔을 들어주다 보면 나 또한 슬퍼지는 경우가 많다. 어떻게 저런 슬픔을 참고 살아갈 수 있을까? 그들에게서 나는 또 하나의 삶을 배우기도 한다. 그러면서 현재의 상황을 그리고 나를 인정하고 살아가는 것. 그 치유의 과정에 함께하고 있음에 감사하고 있다.

'슬픔 또는 상처, 치유되는 순간 한 마리 나비처럼 자유를 맛볼 수 있다.'

그 시절 나는 슬펐다

'쿠당탕탕, 쿠당탕탕. 쨍그랑.'

또 시작이다. 안 들어도 뻔하다. 아버지가 다른 여자를 만난 모양이다. 거기에 들키기까지 했으니 한동안 집안이 시끄러울 것이라는 예감. 그 예감은 늘 틀린 적이 없다.

왜 사람은 자기가 소유한 것에 대해 만족을 모르는 걸까?

나의 고향은 제주도이다. 바람 많고, 돌 많고, 여자가 많다는 삼다도. 그러나 나에게는 사다도였다. 그 세 가지에 어린 시절의 슬픈 흔적이 많은 섬 '사다도'. 그곳을 떠나오기까지 나는 총 19년의 시간이 걸렸다.

아버지의 바람기는 좀처럼 사그러들지 않았다. 항상 그 바람기가 우리 집의 행복을 위협했다. 언제 터질지 모를 시한폭탄. 가장 큰 사건은 아버지가 바람을 핀 여자를 사랑한다는 것이었다. 그 말에 친엄마는 집을 나가셨다고 한다. 영문도 모르고 엄마 없는 집에서 나는 할머니의 집으로 생활터를 옮겼다. 뭐 알 수 있는 나이도 아니였지만, 그때 나는 갓 돌이 지난 시기였다고 할머니로부터 들었다.

그렇게 나는 돈벌이를 위한 아버지의 사회생활로 나를 키워 줄 수 없었기 때문인지 아님 새엄마와 새로운 살림을 차리기 위한 것이었는지 모르지만 나는 그렇게 할머니의 손에서 자라야 했다. 우리 가정은 이혼이라는 것으로 엄마와 아빠는 남남으로 되돌아갔는데 '나' 라는 결혼의 산물은 남아 있었다.

엄마의 가출 그리고 이혼. 할머니와 살아가며 큰 불편

함은 없었다. 엄마라는 존재가 내 곁에 없다는 것을 인정하고 있었기에 슬프지도 않았다. 아빠의 외도로 더 이상 시끄럽지 않은 곳에서 살 수 있다는 것에 더 편안함을 느꼈는지도 모르겠다.

친엄마가 보고 싶냐고 묻는 사람도 있었다. 보고 싶지 않았다. 이렇게 대꾸를 해도 가슴에서는 아무런 요동도 없다. 생각해 보면 헤어진 엄마에 대한 기억도 없고, 집을 나간 엄마를 만나지 않는 것이 옳다는 생각도 들었다. 이유가 어찌하던 나를 버린 엄마가 좋을 리 없었고, 홀로인 것이 익숙한 나에게 나쁜 것도 없었다.

친엄마의 생각은 달랐다. 초등학교 5학년 즈음 서울에 살던 엄마가 갑자기 나의 앞에 나타났다. 그리고 며칠 동안 자의반 타의반 같이 있었다. 헤어지던 날에는 보고 싶을 때 보라며 노트에 사진을 붙여서 주셨다. 그러나 나는 사진을 볼 수 없었다. 그것은 나를 키워 주고 있는 아버지와 새엄마, 할머니에게 잘못하고 있다는 생각에 말이다. 결국 그 노트를 휴지통에 버리는 것으로 결정하였다. 그게 친엄마와 나와의 마지막 만남이었다.

새엄마에게 사랑을 받았던 기억도 없다. 그냥 나에게 큰 관심을 주지 않았다. 집에 살고 있는 전 부인이 놓고 간 여자 아이. 그게 전부인 양 나를 대하였다. 그런 상황에서 선택할 수 있는 것은 미움이 대상이 되지 않기 위하여 살아가야 하는 것이었다. 착하게 사는 것 그것밖에 없었다. 어쩜 말을 잘 듣지 않는다고, 이 아이 버릇이 없고 나쁜 아이라고 버릴까 봐 그랬는지 모를 일이다.

겉으로는 참 착한 아이였는데 속으로는 병이 들어가고 있었다. 속상하면 속상하다고, 슬프면 슬프다고 울었어야 했는데…….

겉모습과 달리 내 안의 나는 친엄마가 떠나던 그 돌이 갓 지난 아기일 뿐이다.

"응애, 응애. 엄마 나 배고파요. 응애, 응애. 엄마, 나 마음 아파요."

이렇게 보채고 있는 덩치만 커 버린 아기일 뿐이다. 가슴앓이는 멈추지 않았다. 그럼에도 가슴앓이를 풀어 놓을 수도 없었다. 친한 친구가 없었던 것은 아니다. 다만 내게는 한없이 행복해 보이지만 슬프다고 말하는 그 친구에게 나의 힘듦을 밝히고 싶지 않았다. 아니 내 슬픔을 예로 들어 위로하고 싶지 않았다. 그냥 들어주는 것. 그게 나의 몫이라고 믿고 살았다. 그게 예의라고 생각했다.

중학교를 졸업할 즈음 아버지는 상고를 진학하기를

희망하셨다. 은행에 취업해서 돈벌이를 원하셨다. 그러나 나는 간호사가 되고 싶었다. 어릴 적 읽은 소록도와 관련된 책에서 나는 간호사가 되겠다고 결심했었다. 타인을 위한 봉사, 그를 통해 얻을 수 있는 삶의 희망과 보람 등 나는 사람들과 더불어 살고 싶었다. 그러나 아버지의 반대는 단호했다. 절대로 대학은 보내지 않을 것이라는 것. 지금 생각해 보면 '왜 그러셨을까?' 라는 의문도 든다.

결국 그 시절 대학은커녕 고등학교도 졸업 못하였으니 내가 너무도 큰 꿈을 꾸고 있었나 보다. 아니 어쩜 거기에서 절망 하나를 더 얻었을지도 모르겠다.

이 표현은 좀 그런가? '세 살 버릇 여든까지 간다.' 는 속담처럼 그 이후로도 아버지의 바람기는 줄어들지 않았다.

'쿠당탕탕, 쨍그랑!' '사네, 못사네!'

이런 삼류 레퍼토리는 우리 집의 주요 이야깃거리다. 지겹다. 왜 나는 다른 아이처럼 행복하게 오순도순 정을 나누며 살아갈 수 없는 걸까? 아버지는 내가 이런 생각을 하는 것이 싫어서일까? 학교 친구들과 어울리는 것도 반대하였다. 아마 내가 친구들과 삶을 비교하면서 불행하다고 느낄까 봐 그러셨을지도 모르겠다. 나에게 슬픔이라는 것을 안겨 주는 장본인 중에 아버지가 포함되어 있다는 것을 외면하고 싶은 마냥.

이런 상황에서도 공부는 열심히 했다. 내 삶의 무겁고, 슬프고, 어두운 기운이 있었지만 그럴수록 공부에 치중했다. 그 시절 나는 참 건강했다. 다만 그 건강한 몸에 걸맞지 않게 참 나약한 정신이 있었다. 내가 가진 이상과 현실의 괴리감! 그 버틸 수 없는 버거움이 나를 무겁게 짓눌렀다.

고등학교 2학년 여름방학. 그 무거움이 더 이상 나를 버텨 낼 수가 없게 몰아쳤다. 결국 잘못된 선택. 정말 순간이었다. 찰나라고 표현하는 것이 옳을 것 같다. 그럼에도 그 사고가 일어난 순간만큼 내 인생에서 제일로 길었던 시간이다. 추락하는 것은 날개가 있다는 소설이 있지만 나에게는 날개가 없었다. 그냥 그 깊은 곳으로 내려가고 있을 뿐이었다.

사고명은 추락. 어학사전에 따르면 추락은 사람이나 사물이 사고나 실수로 높은 곳에서 떨어짐을 말한다. 정말 어학사전에 기록된 그대로이다. 추락하는 순간 짧은 삶이였지만 나름 길었던 18년의 시간이 주마등처럼 머릿속을 스쳐 갔다. 그리고 '퍽' 소리와 함께 의식은 점점 사그라 들었다.

사고가 있은 지 얼마나 지났을까? 의식이 돌아왔다. 떨어질 때는 그렇게 바닥만 보이더니 이제 하늘만 보인다. 아니 천정이 나를 맞이한다. 눈을 깜빡이는데 아니 눈만 깜빡인다. 움직일 수 없다. 그때 이곳이 병원인 것을 눈치 차릴 수 있었다.

'아직 살아 있구나!'

안도의 한숨인지 아님 아쉬움인지 이상한 마음이 잠시 스쳐 지나갔다.

'그래. 희망이 있을 수가 없지. 내가 떨어진 높이가 얼마인데.'

살아 있다는 것이 안도의 한숨보다 분노가 순간적으로 치밀었다.

병원에서의 생활은 그저 눈을 뜨고 눈을 감고 그게 전부였다. 세상은 있지만 작은 병원 침대가 세상의 전부였다. 예전에 걸어다녔던 복도는 그냥 단어에 불과하였다. 병원 침대를 빼고는 장소를 지칭하는 말들은 모두 군더더기일 뿐이다.

의사 선생님은 나의 상태가 상당히 절망적이라고 생각

하셨다. 그러게 그 높은 곳에서 떨어졌으니 어디 한 곳 성한 곳이 있으랴. 완쾌도 불과하고, 살 수 있을지에 대한 의문도 있고, 의사 선생님은 절망적인 상황을 부모님에게 설명을 해 주셨다. 그 설명에 너무 빠르게 부모님은 포기를 하셨다.

희망적이지 않은 내일로 인해 최악의 상황에도 불구하고 집으로 돌아왔다. 부모님은 어차피 삶과 죽음, 정상과 비정상의 사선을 넘나드는 나를 보며 절망만을 보았을까? 아무튼 무슨 생각에서였는지 퇴원 수속을 밟고 집으로 데리고 왔다. 그렇게 내가 가진 세상의 전부는 병원 침대에서 골방으로 바뀌었다.

정확한 진단명은 요추 2번 골절. 완전한 하반신 마비. 이 외에 추락의 충격으로 인한 여기저기 망가져 있는 상태. 그게 전부였다.

본체와 떨어진 곳에 창고와 같은 방이 있었다. 그 골방에서 생활했다. 연명하라고 밥은 주었다. 그러나 치료적인 행위는 없었다. 나는 당시 사람이 아니었던 것 같다. 사고를 당해 신음하며 누워 있지만 병원비가 아까워 집안 한 귀퉁이에 방치한 반려동물 같았다.

그러다 보니 상태는 더욱 악화되고 있었다. 의료적 시

술이 없다 보니 소변을 볼 수 없었다. 방 안에는 피부 곪아 가는 냄새가 가득했다. 배출되지 못한 소변이 하반신 아래에서 흘러내렸다. 거기에 피고름이 함께 흘러 내렸다. 문득 이런 생각이 엄습해 왔다.

'죽겠구나! 이제 죽을 수 있겠구나!'

희한하게도 사고가 나기 전 그렇게 미웠던 바람둥이 아버지가, 나를 버리고 가 버린 엄마가, 나를 이해하지 못했던 새엄마가, 항상 나보다 먼저 대접받고 옳아야 했던 이복형제가, 나를 따뜻하게 안아 주지 않던 세상이 다르게 보였다. 미움에서 그럴 수도 있겠구나! 원망에서 그저 그럴 수도 있겠구나! 이해의 관계로 바뀌었다.

무엇보다 이상과 현실의 차이를 인정할 수 있는 시각을 가진 듯한 마음이 들었다. 중천에 떠 있는 태양은 눈이 부셔 절대로 볼 수 없는 존재지만 그 강렬한 태양도 서산에 걸리는 노을이 되어서는 그 모습을 거짓없이 보여 주는 것처럼…….

세상의 모든 이치를 터득한 사람처럼 느껴졌다. 아, 이럴 때에는 멋있게 유언을 해야 하는데. 그런데 나는 남길 것이 아무것도 없다.

그래도 살아

건강 상황은 하루하루가 다르게 그리고 빠르게 악화되었다. 미꾸라지 한 마리가 깨끗한 계곡물에 들어와 순식간에 흙탕물로 바꾸듯, 슬프기는 했지만 건강했던 나의 몸. 그 몸은 이제 더 이상 없었다.

두 평 남짓한 공간! 사람 하나 누워 있기에 부족하지 않은 크기! 아니 '너무 넓어서 무엇으로 채워야 하지?' 라는 고민이 생기는 크기. 그곳에서 나는 삶을 마감하는 준비를 하고 있었다. 어쩜 이곳에 그대로 묻히기를 바랐는지도 모른다.

아, 이제는 움직이는 것조차 귀찮다. 사실 나는 움직일 수도 없지만 말이다. 세상의 빛을 볼 수 있는 순간은 때가 되면 들어오는 식사와 함께 방으로 들어오는 햇살이 전부였다. 이것은 사는 게 아니라 사육과도 같았다.

이렇게 며칠만 더 지나면 죽을 것만 같았다. 아니 죽을 수 있을 것 같았다. 그렇게 엄습해 오던 죽음이 편하게 받아들여지니 어찌나 삶이 편해지던지. 나를 슬픔으로 몰던 이상과 현실의 괴리가 덧없다는 생각이 들었다. 그럼에도 마음 한편에서 작은 목소리가 들린다.

'살고 싶어. 나는 아직 살고 싶어. 나는 아직 젊잖아.

지금까지 나쁜 것만 보고 살았다면 앞으로는 좋은 것만 보고 살아야 하는 권리도 있잖아. 왜 나야! 이렇게 누워 있어야 하는 게 왜 나이어야 하냐고?

죽음을 초월했다고 믿었음에도 모두 받아들이지는 못했나 보다. 살고 싶다. 살고 싶다. 마음에서 들려오는 메아리를 애써 외면하고 있던 내가 보였다. 난 그저 존중받고, 존중하며, 무엇보다 더불어 나누며 살고 싶었는데…….

그렇게 이 세상과의 인연의 시간은 줄어들고 있었다.

"계세요?"

문 밖에서 낯설지 않은 목소리가 들린다. 아는 척을 하고 싶지만 내 상태를 확인한다. 체념한다. 나와 관계가 없다는 생각이 든다. 그런데 왜 사람이 찾아오면 이렇게 반가운 걸까? 참 오랜만에 들리는 손님 목소리다.

"혹시, 현주네 아닌가요? 계세요? 아무도 안 계세요?"

"누구세요?"

힘겹게 입을 열어 대화의 다리를 놓았다.

"현주 학교에서 왔는데요!"

목소리가 더욱 선명하고 크게 들린다.

"제가 현주인데요!"

문이 열린다. 그리고 학교에서 종종 뵈었던 수녀님이 밝은 태양을 등지고 나의 눈앞에 서 계신다. 들어오는 것을 말릴 틈도 없이 어느새 나를 부둥켜안고 계신다. 두 볼을 타고 흐른 인간애적인 눈물이 이마와 두 볼 위로 떨어진다. 순간 정적이 이 작은 골방의 슬픔을 압도한다.

"괜찮지? 괜찮아?"

대꾸 없이 수녀님의 팔 안에서 오랜만에 정말 편안한 쉼을 가져 본다. 시간이 얼마나 흘렀을까? 수녀님이 나의 소식을 늦게 접하셨다고 말씀을 주신다. 그리고 늦게 와서 미안하다며 나의 머리를 다독이신다.

'뭐가? 왜? 나한테 미안하다고 하시지?'

수녀님과 나와의 관계에 대해서 잠시 고민이 밀려온다. 그래도 수녀님 품이 너무 편안하다. 잠들 것 같다. 그냥 이렇게 깊은 잠에…… 깨어날 필요가 없는 잠으로 빠져들고 싶다.

수녀님은 내가 병원에서 퇴원한 것. 완쾌도 아니고 아픈 몸으로 퇴원한 것. 그리고 작은 골방에 있다는 것. 어찌 생각하면 비참하리만큼 삶 또는 죽음 그 사선에 머물고 있다는 것. 그 소식에 마음이 너무도 아파 어제 한숨도 못 주무시고 지금에야 왔다고 하신다. 그리고 자꾸 가시자고 한다. 어디를? 내가 왜? 이렇게 삶이 편해지기도 처음인데…….

수녀님은 그 짧은 시간 동안 나를 보시며 그저 살려야겠다는 생각뿐이셨던 것 같다. 이제 밖으로 나가자며 나의 몸을 이끄셨다.

소생의 희망이 없다는 의사의 진단도 있었는데 무엇을 어떻게 왜? 의문투성이였음에도 수녀님의 손길을 따라 다시 세상으로 나왔다. 사고가 있었던 지 두 달. 다시 병원으로 들어갔다. 수녀님은 참으로 많은 분들을 만나셨고 도움을 요청하셨다. 그리고 나를 위해 기도해 주셨다. 그렇게 나와 같은 상황에 대해 전문적인 지식을 갖고 계신 의사 선생님을 뵙게 되었고, 희망이 없다던 나의 몸이 수술대에서 회복을 위한 몸부림을 할 수 있었다.

그로부터 삼 개월 후 죽지는 않을 것이라는 믿음과 몸 상태를 확인하고 퇴원 수속을 밟았다. 퇴원 수속이라고 해야 환자복에서 평상복으로 갈아입으면 그 뿐이었다.

수녀님들이 나를 두고 고민하신다. 다시 집으로 보내자니 똑같은 상황에 처할 수 있다며 다른 곳을 알아보신다. 그렇게 제주도를 떠나 광명시 철산동에 위치한 명휘원이라는 장애인 생활시설로 삶터를 옮겼다.

내 나이 열하고 아홉 살! 이제 죽음의 그림자는 사라졌지만 장애라는 낯선 녀석이 나를 따라 다닌다. 그 당시 나는 침대 위가 삶의 전부였지만 주위 분들이 물리치료를 하자고 제안하신다. 그래야 휠체어라도 탈 수 있다고 말이다.

장애인 생활시설인 명휘원에서 일 년! 예전과의 다른 삶. 더 이상 나에게 '사다도' 로 존재하던 제주도에서도 멀어져 갔다. 죽음에 대한 생각은 점점 잊혀져 갔다. 그렇게 땅과 좀 더 가까워지기 위해 물리치료를 시작했다. 완전 마비가 되어 버린 나의 다리도 나의 의지를 꺾지는 못했다. 그렇게 긍정의 세상, 희망의 오늘을 만들기 위한 수고를 통해 세상과의 만남을 준비한다.

행복, 끝나지 않을 시련

산의 초록색이 보인다. 하늘의 파란색이 보인다. 그리고 삶을 힘차게 살아가는 사람들의 행복한 소리가 들린다. 나도 그 대열에 속할 수 있는 한 명임을 알고 있다. 그렇게 명휘원을 나와서 참으로 바쁘게 살았다.

장애를 가지고 있다 보니 지속적인 재활치료도 중요했다. 손에 쉽게 잡히지는 않았지만 희망이라는 녀석을 잡고자 노력했다. 아프다고 말할 때는 시간이 더디게 흐르더니 살아야겠다고 마음먹으니 참으로 시간이 빠르게 흐른다. 수녀님의 소개로 성남에 위치한 공부방에서 유급자원봉사로 학생들을 보살피며, 공부를 가르쳤다. 예전에 열심히 공부했던 것이 쓸모가 있었다. 좋았다. 그렇게 아이들과 함께 희망의 씨앗을 심는 것이 기뻤다.

그러나 유급자원봉사로 벌어들이는 소득은 적었다. 소득이 부족하다 보니 먹는 것도 빈약하였다. 정말 돈이 없었다. 그래서일까? 폐결핵이 왔다. 그래도 희망이고, 늘 행복이다. 폐결핵도 결국 사라졌다. 그동안 그렇게 바쁘게 사는 동안 침대에서 휠체어로, 휠체어에서 목발로, 세상을 딛고 일어나는 나의 든든한 걸음도 바뀌었다.

공부를 계속하였다. 검정고시로 고등학교를 졸업하고, 우여곡절은 있었지만 방송통신대에서 졸업장도 받았다. 또 상담에 대한 전문적 지식을 갖고 싶어 대학원에도 진학하였다. 하루하루가 어제와는 달랐다.

공부를 하면서 주위 사람으로부터 이런 소리를 참 많이도 들었다.

"너, 천천히 좀 해! 그러면 더 아파."

그런데 곰곰이 생각해 보면 나는 공부를 해도 아팠고,

안 해도 아팠다. 통증이 오는 순간 공부를 하던지 또는 TV를 시청하던지 아픈 것은 똑같았다. 그렇기에 결국 무엇이든 하기로 마음을 먹었다. 어차피 삶을 아픔에 초점을 맞추고 있었다면 아무것도 할 수 없을 것 같았다. 지금도 아프다. 이 아픔을 어떻게 표현해야 할지 모르겠지만 아프다고 삶이, 희망이, 행복이 사라지지는 않았다.

그 시절 결혼도 했다. 미울 때도, 고마울 때도 있지만 결국 남는 것은 사랑하는 소중한 남편이다. 처음 만나던 날의 소소한 것까지 기억할 수는 없다. 그래도 지금 느끼는 행복의 절반은 남편이 준 것이라 믿는다.

그럼에도 "이런 남편이 어디 있냐!"는 말을 주위에서 들을 때에는 기분이 좋지 않다. 그 말에는 내가 갖고 있는 장애가 포함되어 있기에 말이다. 왜? 내가 어때서? 다른 부부들도 모두 똑같지 않나? 부부는 부족한 남자와 부족한 여자가 만나 서로의 부족함을 채워 가며 살아가는 것이 정답 아닐까!

우리 남편이 잘하는 것은 사실이다. 그러나 나는 장애가 있을 뿐, 그것이 남편이 나에게 잘해 주는, 다른 남편보다 우월한 것은 결코 아니다. 나 또한 평범하고 남편 또한 평범한 사람 중 하나이다.

사실 나는 열여덟 살! 그날 사고로 장애인이 되었다. 힘듦은 있어도 나를 장애로 생각한 적은 별로 없다. 특히 장애로 인해 그 전에 슬픔으로 보이던 세상을 희망으로 볼 수 있었다. 그러나 결혼을 하면서는 장애를 느끼게 되었다. 여자로서, 아내로서, 며느리로서 그리고 아이들의 엄마로서 말이다.

끝날 것 같은 시련도 그리고 고통도 현재는 진행형이다. 사람이 이 세상에서 숨을 쉬고 있는 동안 번뇌와 고통이 없는 사람은 없다. 어떻게 받아들이고 어떻게 대처하냐가 다를 뿐이다. 마음은 행복을 찾았을지 모르지만, 몸은 지금도 아픔을 말한다.

'죽을 것 같다. 아니 죽지는 않겠지! 다만 이렇게 시달려야 하는 게 전부일 거야. 빨리 이 순간이 지났으면…….'

불시에 찾아오는 이 고통을 어떻게 표현해야 할까? 30여 년 가깝게 지낸 친구와 같은 고통이지만 매번 마주할 때마다 낯설고 당황스럽다. 피할 수도 없다. 어찌어찌하다가 잠이 들면 그리고 깨어나면 다른 세상에 와 있을 것 같은 생각도 든다. 결국 그 아픔이 머물고 있는 자리에 다시 서 있다.

그래서일까? 이 고통이라는 친구가 찾아오면 나는 반

갑게 맞이하고 놀아 주려고 한다. 그러나 매번 꼴좋게 지는 것은 항상 나이다. '매에는 장사가 없다.' 이 말이 백번 맞다.

이 고통이 싫어서 신경을 끊어 달라고 의사 선생님께 투정부리듯 부탁한 적도 있다. 답은 '안 된다.' 였다. 다리로 내려가는 신경이 많아 그중 어떤 신경인지 찾기도 어려우며, 내가 다리를 조금이나마 사용하고 있는 것은 고통을 느끼지만 신경이 살아 있기 때문이라는 답변뿐이다.

새벽 2시. 고통이 또 찾아왔다. 인상을 잔뜩 찌푸리며 뿌리치려고 해 보았는데 오늘 찾아온 요 녀석은 쉽게 놓아 줄 것 같지 않다. 벌써 2시간을 버텼다. 그렇게 나의 손에는 백기가 들려 있다.

조금만 조금만 아니 안 되겠어! 신랑을 깨우기 위해 몸을 한껏 웅크린 채로 움직여 본다. 그 순간 섬광처럼 이러면 안 된다는 생각이 나의 머리를 스쳐 간다.

'아니야. 어차피 신랑이 일어난다고 해서 내 고통이 사라지는 것도 아니고, 병원에 같이 간다고 해서 이 고통이 줄어드는 것도 아니잖아. 내일 일도 나가야 하는데. 그래 나 혼자 가자.'

결국 옷을 주섬주섬 입고 목발에 의지하며 때로는 벽

도 짚어 가며 내 고통 같은 어둠이 가득한 거리로 나왔다. 마침 택시가 저 멀리서 구급차의 경광등처럼 빈택시라는 엠블럼을 반짝이며 다가온다. 그렇게 병원 응급실 침대에 누워 진통제에 취하여 고통에게 잠시 이별을 고한다.

"휴, 이제 살 것 같다."

고통이 나를 괴롭히는 것은 맞다. 그러나 살아 있기에 느낄 수 있는 것이라 위로해 본다. 약속도 없이 찾아오는 이 손님과 어떻게 친해질까? 이게 나에게는 가장 큰 숙제이다. 그럼에도 고통이 언제 찾아올지 기다리지도 생각하지도 않는다. 생각하는 순간 집중하게 되고 내 삶의 좋고 나쁨이 고통으로 영향받을 수 있기에! 그러면 결국 아픔에 초점이 맞추어진 나는 아무것도 할 수 없기에…….

오늘은 신랑의 힘을 빌리지 않고 병원에 왔음에 감사드린다.

지금 이 순간 행복을 말하다

새로운 해. 그 시작을 기념하기 위해 가족 여행을 떠났다. 지난 한 해를 감사하기 위해 송구영신 예배를 드린 후 지인의 승합차를 빌려 무작정 모든 가족이 여행길에

올랐다. 새해의 일출이 보고 싶은 사람이 많은 탓일까? 자정 무렵 출발하였음에도 고속도로는 주차장이다.

밀려도 밀려도 너무 밀린다. 남편이 지쳐 간다. 물론 그 답답함을 함께하는 우리 가족 모두 지쳐 간다. 행복하자고 출발한 여행! 이 여행이 불안하다. 잠시 잠을 청하기로 하고 차량을 세웠다. 그리고 눈을 감았다. 모든 가족이…….

얼마나 잤을까? 눈을 떴다.

'어, 이게 아닌데. 정말 아닌데.'

외마디 비명이 좁은 승합차 안에 가득하다.

"엄마, 이게 뭐야?"

"여보, 어떡하지?"

우리 가족 모두의 얼굴에 당황함이 가득하다.

분명 저 먼 수평선 위에서 떠올라야 할 새해의 태양이 머리 위에서 방긋 웃고 있다. 새해를 우리는 길거리에서 맞이한 것이다. 일출은 무슨? 초췌한 모습으로 서로의 얼굴을 보며, 나오는 것은 웃음뿐이다.

떡국은커녕, 고속도로 옆에서 라면을 끓여 먹었다. 장소가 어떠했든 우리는 중천에 뜬 태양을 향해 새해 소망을 빌었다. 우리가 원한 것이 새해 일출일 수도 있지만 제일 중요한 것은 가족 여행이다. 지금 우리는 가족 여행 중이다.

이 여행이 지금까지 우리 가족이 함께한 여행 중 제일 행복한 여행이다. 처음 의도했던 일출도 보지 못하였지만 그 누구도 불평불만이 없다. 특히 그날 여행을 비디오 카메라에 담았기에 지금도 보면 웃음뿐이다.

행복? 어의없음을 긍정으로 받아들일 때 더욱 커진 것 같다. 일상에서 벌어지는 소소한 모든 것이 행복이다. 부부 싸움 또한 그 대상이 함께이기에 벌일 수 있다. 성적이 부족하게 나왔다고 하여도 그 성적표를 받아와 줄 아이가 함께 있다는 것, 모든 것을 감사함으로 다가가기에 행복이다.

내면에서 찾아가는 나의 행복! 그래 다시 생각해 보면 그 아픔으로 점철되었던 '사다도' 로 기억되는 제주도도 이제는 사랑할 수 있을 것 같다.

검정고시를 준비하며, 못 이룬 꿈을 이루기 위해 노력했던 시절. 새벽에 아픈 몸을 이끌고 단과학원을 다니며 잠시 멈추어 있었던 학업의 꿈을 이어 갔던 시절. 그렇게 검정고시로 고등학교를 졸업하였고, 방통대에 진학하여 못 이룰 것 같았던 대학에 대한 꿈도 이뤘던 시절. 그 시절 조금 더 배우고 싶어 대학원에서 상담학을 공부하는 등 지금의 내가 있기 위해 참으로 노력했던 순간들.

대학원을 시작할 무렵 파산이라는 큰 벽이 우리 가정 안에 우두하니 서 있었지만 결국 사람의 의지를 꺾을 수 있는 것은 없었다. 그래서일까? 요즘 생각해 보면 '지난 시간은 다 과정이었지 않았을까!' 하고 남는 느낌표. 지금 이 순간에 감사함을 느끼고 또 감사할 따름이다.

매일 아침 거울을 보며 표정 연습을 한다. 어떠한 일이든, 과정이든 선택이 필요하다. 불화가 있던 순간에도, 파산한 시절 대학원에 진학한 순간에도, 싫은 것은 이제 싫다고 말해야 한다고 느끼는 순간에도 나는 나를 위한 최선의 선택, 긍정을 선택한다.

난 목욕탕 가는 것도 좋아한다. 등에 엉덩이에 다리에 온통 수술 자국이다. 걷지 못하다 보니 넘어질까 봐 욕탕을 기어 다니는 경우도 있다. 보기 좋지 않으면 어떠랴. 이것이 내 몸인 걸, 나라는 존재가 담겨 있는 몸인 것을. 그렇게 욕탕 거울에 나의 웃는 얼굴이 담겨 있다.

힘들 때면 하늘을 보고, 행복이 넘쳐날 때는 주위의 어려운 이웃을 본다. 그리고 나를 본다. 이렇게 나를 찾아가는 이 과정이 행복하다. 이제와 생각해 보니 내가 상담을 선택한 것은 타인에 대한 배려도 있었지만 나에 대한 치유도 있지 않았을까. 상담을 통해 오늘도 나는 자기 성찰을 하고 있다.

행복? 그게 별거인가! 원하는 순간 탈 수도, 원하는 시간에 맞추어 도착할 수도 없는 버스와도 같은 것. 차창으로 스쳐 가는 풍경을 보고 느낄 수 있는 특별하지 않지만 특별함이 묻어나는 순간의 대중교통과도 같은 것. 삶의 굴곡이 있는 이 행복이 좋다. 나는 참 좋다.

다만 사람들의 슬픔을 들어주기 위해 나 또한 조금 더 나를 철저히 분석하기 위해 몇 달 전 많은 돈을 들여 유명 대학교의 교수님으로부터 상담을 받고 왔다. 이렇게 지금 할 수 있는 것을 그때도 할 수 있었다면 좋았을 것을. 아쉽지만 그 아쉬움을 지금은 인정한다.

| 에필로그 |

나도 아팠습니다

저는 지리산 자락에 삽니다. 남들은 제게 교무처장이라는 엄청 높은 직함을 불러 주지만 저는 지리산학교&지리산행복학교의 자질구레한 일을 하는 일명 '지리산학교 도우미' 입니다.

제가 지리산 자락으로 온 이유는 마음이 많이 아파서입니다. 제가 만든 노래 중에 〈나를 사랑해〉라는 노래가 있습니다.

'난 아파서 왔어. 난 지쳐서 왔어. 아무도 모른 곳에 숨고 싶었어.'

사람들은 흔히 그렇게 말하지요. 진짜 장애는 마음의 장애라고요. 맞는 말이지만 장애를 입은 상황에서 그 말이 위로를 줄까 싶네요. 그럼에도 불구하고 틀린 말은 아니랍니다.

저는 오래전 마음의 장애를 가졌고 지금도 종종 제 마음 안에 장애를 느끼며 살아갑니다. 그래서 지리산으로 왔습니다. 솔직히 말하면 지리산이어서 온 것보다는 사랑하는 이가 있어서 왔습니다. 와서 서울에서보다 더 많은 이들을 만났습니다. 생명평화단체 일도 하고 생명평화를 이야기하는 탁발순례의 실무를 맡아 전국을 같이 다니기도 했습니다.

저는 직함을 여러 개 가지고 살아서 남보다 에너지가 높은 것 같다며 작가 공지영이 별명을 지어 줬는데 바로 고알피엠(高RPM)입니다. 남들은 가끔 묻습니다.

'그렇게 바쁘게 열정적으로 사시는 모습을 보니 참 행복해 보입니다. 행복하시죠?'

행복이라는 것이 무엇일까요?

어느 날 제게 그 행복이라는 화두가 왔습니다. 행복학교의 교무처장인 저를 보며 사람들은 제가 당연히 행복할 거라고 생각합니다. 책으로 나온 지리산행복학교의 주인공이니 당연히 행복할 거라고 생각합니다.

저의 답은 행복은 결과가 아니라는 겁니다. 행복하기

도 하고 더러 행복하지 않은 일상 중에 있을 때도 있습니다. 행복은 결론이 아닌 과정이더군요. 행복이 과거가 되면 지금이 참 불행합니다. 그때는 그랬는데 하는 순간에 초라해져 버리는 순간, 행복하다고 말할 수는 없겠지요. 미래를 예견하며 행복하기를 바라고 하는 고생도 알 수가 없어서 자칫 지쳐 버릴 수 있습니다. 그런데 재미난 것은 행복은 꼭 행복하지 않은 순간을 담보로 하더군요. 그러니 행복하냐고 물을 때마다 그 답은 다른 게 맞습니다.

그러나 우리가 이런 감정을 느끼는 것은 살아 있기에 가능합니다. 살아간다는 것만으로도 우리는 행복할 충분한 이유가 있다고 감히 저는 말합니다.

제가 만난 여성장애우 분들이 그랬습니다. 태어나면서부터 남과 다르다는 것을 받아들이는 것도 쉬운 일은 아니었을 겁니다. 태어나서 잘 살아가다가 알 수 없는 운명의 소용돌이에 휘말려 장애를 입은 경우는 더더구나 받아들이기 어려웠겠지요.

그러나 그녀들은 자신들의 삶을 어떻게 즐기고 살아가야 하는지 알고 있었습니다. 행복은 주관적이지만 우리는 객관적인 잣대로 행복을 가늠할 때가 많지요. 그렇다면 비장애인에 비해서 혹은 남성에 비해서 그녀들은 행복하지 않아야 합니다. 행복은 잣대가 필요 없다는 것을 그녀들과 이야기하며 더 생생하게 느꼈습니다. 오히려 잣대가 우리를 불행하게 하는 경우가 종종 많습니다. 잣대를 위에 들이대면 십중팔구 불행한 느낌에 사로잡히니까요.

처음 만난 김형희 화가는 무용가였습니다. 무대 위를 두 발로 뛰어다니며 춤을 추던 그녀는 하반신이 마비되어 지금은 마음대로 움직이지 못합니다. 그렇지만 그녀에게는 어여쁜 딸이 있고 자칭 머슴이라고 하는 건강한 남편이 있고 그녀의 아픔을 잊게 해 주는 그림이 있습니다. 두 번째 만난 언어장애 백현미 씨는 자신이 가진 재능을 살려 사람들의 손톱에 예쁜 그림을 그립니다. 정규직이 꿈인 그녀는 꿈이 있어서 그리고 현재를 감사할 줄 알아서 충분히 행복했습니다. 세 번째 만난 절단장애인 김진희 회장은 누구보다 역동적이고 열정적인 사람이었습니다. 그녀에게 장애는 오히려 도전하고 극복할 과제이기에 다른 이를 위하여 사는 삶에 기꺼이 자신을 내어놓고 있습니다. 네 번째 만난 시각장애 김호진 씨는 아이들을 정말 사랑하는 엄마였습니다. 그래서 그녀는 자신의 삶을 어떻게 가꾸며 살아가야 하는지 알고 있었습니다.

내가 만난 그녀들은 현재를 열정적으로 살아내는 사람들이었습니다. 그리고 남들이 불행하다고 느끼는 조건에 굴하지 않았습니다. 그래서 저는 알았지요. 행복은 열정이 있어야 하는구나! 그 열정을 본인이 또 조절할 줄 알아야 하는 거구나! 그리고 욕심내지 않아야 하는 거구나!

지난여름 저는 지리산학교 행복문화제에서 사람들에게 이렇게 말했습니다.

“여러분! 지리산에 와야만 행복할 수 있다고 생각하시나요? 나만 제하고 다른 이들은 행복하다고 느끼시나요? 실은 당신이 있는 곳이 문제가 아니고 당신 안에 있는 행복의 기운을 모르고 있기 때문입니다. 그러니 지금 우리는 자기 안에 있는 행복을 끌어내야 합니다.”

행복하고 안 하고를 결정하는 건 모두 각각 제 몫일 겁니다. 불행할 때 그 불행을 제대로 느끼고 일어서는 것도 행복한 일일 수 있습니다. 저는 그랬습니다. 모두들 제 곁을 떠날 때, 모두들 저를 믿어 주지 않을 때 제 자신을 거짓으로 자책하기보다, 무조건 책망하기보다 저를 멀리 두고 보았습니다. 그때는 참으로 쓸쓸했고 힘들었고 불행했습니다. 그렇게 제 인생이 끝나 버릴지도 모른다는 절망감에 사로잡히기도 했습니다. 남편은 떠났고 아이들도 빼앗겼고 제가 가진 모든 것을 세상에 다 내어놓으라는 아우성만 들었으니까요.

그래서 일했습니다. 열심히!

불행 중 다행처럼, 저는 사랑하는 이를 만났습니다. 그러나 그 사람의 위로를 받기보다 행복에 대한 트레이닝을 받았습니다. 더 절망스럽고 더 쓸쓸했던 시간이어서 도망가고 싶은 적도 많았지요. 견디는 것 말고는 방법이 없었습니다. 그래서 알았습니다. 내가 나를 어쩌지 못하는 시간이 오면 견디는 것도 행복의 과정이구나, 불행도 또한 그 과정이구나!

살면서 순간순간 엄습하는 시험의 시간들 앞에 서면 저는 제 상처를 스스로 핥습니다. 그리고 일합니다. 열심히! 그리고 사랑합니다. 열심히! 세상이 어떻든, 상대가 어떻든 그냥 합니다. 아프지 않고 얻어지는 건 없더군요.

그녀들도 그랬습니다. 그래서 또 감히 말합니다. 당신이 지금 불행하다면 당신은 곧 행복해질 수 있다고요. 당신이 행복하지 못할 조건들 속에 갇혀 있다면 당신은 곧 그 모든 조건들 때문에 거꾸로 더 행복할지도 모르겠다고요.

저는 요즘 아이들의 미래에 대하여 고민하고 서로 논쟁하고 야단을 치기도 하고 달래기도 하며 살아갑니다. 사랑하는 이와 그 사랑에 대하여 치열하게 싸우며 증명하며 위로하기도 합니다. 예전에는 불행하다고 느꼈던 상황들을 지금은 과정이라고 느끼며 기다립니다.

"이것 하나만 해결되면 행복할 것 같아."라고 자꾸 행복을 미루던 습관을 버리고 "그것 없이도 나는 행복해."라고 말하는 버릇을 길들입니다.

내가 만난 그녀들 알까요? 내가 많이 부끄러워했다는 것을요. 그녀들을 만나며 나는 아팠던 지난 시간을 떠올리고 세상에 내가 가장 힘들다고 느꼈던 시간을 반성했습니다.

그래서 나처럼 그녀들의 그 행복한 기운이 지금 힘든 누군가에게 위로가 되기를 바라며 저는 이 글을 씁니다.

사랑합니다. 고맙습니다. 그 기운 나눠 주셔서!

2013년 깊은 가을

신희지

| 에필로그 |

행복은 늘 가까운 곳에 있었는데

매일 아침이면 습관처럼 잠자리에서 일어나 텔레비전의 전원을 누릅니다. 잠들어 있던 동안 세상에 얼마나 좋은 일이 생겼을까 궁금해서이지요. 그런데 외국 소식을 접하며 사건 사고 등 좋은 일보다 나쁜 일이 많이 발생되었음을 확인합니다. 특히 미국에서는 총기 관련 사고로 선생님과 학생들 그리고 선량한 시민들이 희생되고 있음을 접합니다. 마음이 아픕니다.

그렇다면 우리의 경우는 어떠한가요? 행복한 소식이 많다고 생각하시나요? 그렇지 않다구요? 별반 차이가 없다구요? 왜 우리는 그렇게 불행하다고 느끼며 살아야 하는 걸까요!

신문 사회면에는 누가 누구를 죽였고, 또 그 시신을 엽

기적으로 보관하고 있었고, 굳이 알지 않아도 되는 장면들을 상세하게 설명해 줍니다. 마치 그 현장에 내가 있는 것처럼 말입니다. 그런 기사를 읽으면서 두려움과 분노가 치밀어 오릅니다.

그리고 또 자의적으로 삶을 마감한 분들의 기사입니다. 삶이 어려워서 그리고 가정경제가 어려워서 심적 부담이 너무 커서 등 본인의 생사를 스스로 정해 버린 마음 아픈 분들의 기사입니다. 특히 유명 연예인이 삶을 마감하면 베르테르 효과로 인해 많은 사람들이 그 뒤를 따른다고 합니다. 왜 세상이 이렇게 척박하게 변한 탓일까요? 생명에 대한 소중함은 어디로 가 버린 것일까요?

얼마 전에는 계모가 소풍을 가겠다고 떼를 쓰는 여덟 살 여자아이를 폭행하여 숨지게 한 사건이 있었지요. 또 며칠 전에는 친구를 만나지 못하게 한다고 친구의 아버지를 폭행한 사건도 있었구요. 또 술을 마시고 취중 어머니를 폭행한 사건도 있었습니다.

이러한 현실을 보면서 참 마음이 아프고 눈물이 흐릅니다. 이러다 보니 뉴스를 보지 말아야겠다는 각오도 하게 됩니다. 제 짧은 생각으로는 이러한 것들이 불행하다고 느끼는 마음에서 시작했다고 느낍니다. 내 삶이 행복하다면 주위의 사람이 다르게 보일 것이고 길 옆의 이름 모를 꽃의 향기도 소중하게 여길 터인데 말입니다.

우리가 사는 삶은 정말 행복하지 않은 걸까요? 그저 불행의 울타리 안에 갇혀 있고 그 울타리를 넘어 보려는 용기마저 잃어버린 탓일까요? 불행하다고 생각하며 부나방처럼 불행의 불길 속으로 뛰어듦으로 행복을 찾을 수 있다고 믿기 때문일까요?

우리 주위에는 불행이 감기 바이러스처럼 떠다니고 있습니다. 그런데 감기 바이러스가 있더라도 우리가 건강하다면 이겨 낼 수 있는 것처럼, 우리가 불행을 극복할 수 있는 힘을 키우면 안 되는 것일까요?

나의 어린 시절은 참으로 가난했습니다. 어느 집이나 그러했기에 그 가난이 특별한 것도 아니었고, 오히려 이웃이라는 끈끈한 정이 골목에 넘쳐났지요. 그렇게 행복을 느끼며 살았지요. 나는 나이가 어려서 그렇고, 어쩜 걱정은 부모님의 몫이었는지도 모릅니다. 나는 놀고 또 놀면 되는 그러한 시절이었으니까요. 그 시절 나는 행복하고 어머니와 아버지는 불행하셨을까요? 아닐 것이라고 믿습니다. 그렇게 밝게 자라고 있는 아이를 보며 부모님도 오늘의 행복을 보셨을 것입니다.

그렇게 시간이 흘러 고등학생이 되었습니다. 철학에 한없이 빠졌었지요. 인생이 무엇인가? 나는 누구인가? 왜 삶이라는 것이 거추장스럽게 느껴질까? 꼭 살아야만 하는 걸까? 참으로 스스로에게 하는 질문이 많았습니다.

이러한 나를 바꾸기 위해 또 '왜 이런 생각을 하고 있는 것일까?'라는 질문을 하고 심리학에 빠졌습니다. 물론 모두 독학입니다. 누나들이 사 놓은 책으로 시작하여 서점, 도서관 등 그 영역이 넓혀졌지요.

처음에는 사르트르의 『실존주의는 휴머니즘이다』를 읽었습니다. 고등학교 1학년 시절이었으니 참 어렵고 어려웠지요. 한 달 동안 읽고 잠들고 읽고 잠들고를 반복하며 마지막 장을 넘겼습니다. 그 이후 프로이드 책을 섭렵하기 시작했고, 융, 아들러까지 읽었습니다. 번역판이 있는 책은 모두 읽었다고 해도 과언이 아니었지요.

그러다 보니 염세주의에 대한 생각은 어디론가 사라지고 심리학에 취한 내가 남아 있더군요. 하지만 이 모습도 결국 옛 모습입니다. 지금은 그날의 지식도 느낌도 남아 있는지 모르겠습니다. 다만 현재의 나와 가족의 행복을 지키기 위해 오늘에 충실하고 있습니다. 단점이 있다면 변화를 갖고자 하고, 장점이 있다면 자주 그 모습을 보여 주고자 노력하고 있습니다.

또 고등학교 시절 인생을 탐구하기도 하고, 해답을 찾고자 참 많은 방황을 했습니다. 고등학교 2학년에는 행복이라는 놈을 찾겠다며 여행을 떠났습니다. 돈이 없었기에 비둘기호를 타야 하는 경우도 있었고, 걸어야 하는 일도 다반사였지요. 대한민국 구석구석을 뒤지며 행복을 찾고자 했습니다. 마치 진시황이 불로초를 찾아 헤매였듯, 나는 행복이라는 녀석을 찾아다닌 것이지요.

육 개월 정도 시간이 흘렀을까요. 결국 내가 찾고자 했던 행복을 찾았습니다. 아이러니하게도 그 행복을 찾고자 출발했던 시작점, 바로 내가 서 있던 그 자리에서 찾았습니다.

단지 행복을 찾을 수 있는, 행복을 알아볼 수 있는 혜안(慧眼)이 없었던 것이지요. 그런데 이제부터가 문제입니다. 찾았으면 지켜내야 하는 것인데 그게 쉽지만은 않더군요. 항상 그 바이러스처럼 주위를 맴도는 불행을 막는 것은 불가능했거든요.

왜 사람들은 행복이 찾아오기를 바라면서, 슬픔, 아픔, 고통, 외로움 그리고 불행은 내 삶에 오지 않기를 바라는 것일까요? 그러한 사고를 한다는 것이 당연한 것이겠지만 그러한 사고가 행복을 못 보게 하는 것은 아닐까요?

행복도 삶의 일부분이듯 다른 나쁘다고 느끼는 순간들도 삶의 일부분입니다. 이러한 것들이 조화롭게 모여 뒤섞여 있을 때 삶에 의미가 부여됨으로 그 빛을 발하는 것이 아닐까요?

이 책에 등장하는 세 분의 삶을 글을 쓰기 위하여 반복해 청취하던 그 순간은 늘 가슴이 먹먹했습니다. 그런데 그 먹먹함 속에 희망의 빛줄기는 항상 함께하고 있음을 느꼈습니다. 이 책을 읽고 계신 그대가 슬프시다면 위로가 될 수 있을 것이고, 기쁨이 넘치시고 계신다면 행복을 바라볼 수 있는 하나의 시각 하나를 더 배웠다고 여겨 주시면 고맙겠습니다. 특히 불행하다고 느끼고 계신 분이 있다면 행복에 이르는 과정에 있다고 굳게 믿으시기를 말씀드립니다.

저 또한 현재의 내가 이렇게 있을 것이라고 그 누구도 상상하지 못했을 만큼 아픔이 많았고, 이 책에 자신의 삶을 나눠 준 분들 또한 그 과정을 지나오셨습니다. 그렇다고 여러분이 힘들 때 이 책이 지침서가 되자는 것은 아닙니다. 다만 본인의 무거울 수도 있는 시간을 아낌없이 들추고 나눠 주신 세 분에게 감사의 마음을 전하는 것은 여러분이 행복에게 조금이라도 다가서는 것이라는 생각 때문입니다.

다시 한 번 이 자리를 빌어 행복 나누기에 동참해 주신 세 분에게 감사의 말을 올립니다. 나눠 주신 삶의 이야기를 글로 옮기면서 한 분 한 분의 삶을 조심히 쓰고자 노력했습니다. 그러나 읽는 분들의 이해를 돕고자 다양한 상황에는 조금의 픽션이 섞여 있음도 이해해 주시기를 부탁드립니다.

고정관념은 깨어져도 아프지 않다고 합니다. 우리가 불행하다고 생각하는 순간 불행이 현관문을 노크할 것이고, 행복하다고 믿으시는 순간 온 집안에 사랑의 온기가 가득할 것입니다. 이제 행복을 느끼는 당신이 되시기를 그리고 그 행복을 나눠 주실 수 있는 바이러스가 되어 주시기를 부탁드립니다.

기적은 만들어져 있는 것이 아니라 만드는 것입니다. 기적이 만들어지는 이 순간에 당신을 초대합니다. 행복으로의 초대. 그대가 있어 저 또한 행복하고 우리가 행복한 것은 아닐까요. 다시 한 번 소중한 삶의 이야기를 아낌없이 나눠 주신 세 분에게 감사의 말을 올립니다.

늘 감사드립니다.

2013년 끝자락에

이강조